Spuren und Wege

Doris Taschner

Spuren und Wege

Ein Werkstattbuch für die Grundschule

Kallmeyer

edition: grundschule

Die Deutsche Bibliothek – CIP-Einheitsaufnahme

Ein Titeldatensatz für diese Publikation ist bei der Deutschen Bibliothek erhältlich.

Impressum
Spuren und Wege. Ein Werkstattbuch für die Grundschule. Doris Taschner

Layout: Dirk Jäger
Titel: Beate Franck-Gabay
Illustrationen: Dietmar Griese
Fotos: Doris Taschner
Redaktion: Sabrina Molkenthin
Realisation: Nicole Neumann/Friedrich Medien-Gestaltung
Druck: Hahn Druckerei, Hannover. Printed in Germany

ISBN 3-7800-2028-9

Inhalt

Zeichenerklärungen

 = Informationen

 = Aufgabenbeschreibung, Impulsgebungen

 = Zusatzaufgaben, Weiterführendes, Ideen

Vorwort

Hunde markieren ihre Wege, indem sie Spuren von sich selbst hinterlassen – „Hier war ich und da bin ich entlanggegangen!".
Dieses Verhalten ist aber nicht nur das triebhafte Bedürfnis vieler Tiere. Auch der Mensch trachtet in seinem Leben danach, ob bewusst oder außerhalb seiner willentlichen Entscheidungen, Spuren seiner selbst zu erzeugen und Zeugnisse seiner Existenz zu hinterlassen: Wir gründen Firmen, schreiben Bücher und sorgen für Nachwuchs. Ebenso verbringen wir Stunden und Tage damit, uns Fragen über das Woher, Wozu und Wohin unseres Daseins zu stellen und unserer persönlichen Lebensgeschichte auf die Spur zu kommen[1]: Wir beschäftigen uns mit der eigenen Kindheit, machen uns Gedanken über unsere ureigene Lebensaufgabe und grübeln über Zukünftiges nach.

Das Leben bedeutet von Anfang an Entwicklung und Veränderung. Kinder wie auch Erwachsene sind sozusagen immer auf dem Weg: Sie schlagen einen Weg ein, suchen später andere Wege, machen Umwege und gehen Irrwege. Deuten Wege dynamische Entwicklungsprozesse an, so stellen Spuren vergleichsweise statische Daseinsformen dar. Beide Existenzäußerungen spielen von Anbeginn des Lebens eine wichtige Rolle. Kleinkinder gehen mit strahlenden Augen ihre ersten Schritte alleine. Schulkinder erfüllen ihre ersten selbst geschriebenen Geschichten sowie Kunst- und Werkarbeiten mit großem Stolz.
Die Bedeutsamkeit dieser Lebensphänomene wurde mir – als Erwachsener – im Rahmen meiner berufsbezogenen und persönlichen Auseinandersetzung mit der Thematik erst wieder bewusst.
Mit dem Schulprojekt „Spuren und Wege" und der daran anschließenden Entstehung dieses Buches möchte ich zum einen Spuren meiner Arbeit hinterlassen und zum anderen Wege aufzeigen, wie Lehrer und Schüler[2] neue Lernwege einschlagen und kreative Erfahrungsquellen aufsuchen können.

Fangen wir doch gleich damit an!

1 Literaturempfehlung: Gudjons, H. u. a.: Auf meinen Spuren – das Entdecken der eigenen Lebensgeschichte. Vorschläge und Übungen für die pädagogische Arbeit und Selbsterfahrung. Bergmann & Helbig: Hamburg 1996.

2 Wird im Text von Lehrern, Schülern, Kollegen usw. gesprochen, so sind immer Lehrerinnen, Schülerinnen usw. gleichbedeutend mitgemeint!

Spurensuche und Spurensicherung

Spuren und Wege – ein ungewöhnliches Thema für Schule und Unterricht? Zur Einstimmung und als Kreativitätsübung können Sie sich vorab selbst Gedanken zum Thema entwickeln: „Welche Wörter und Wortverbindungen, welche Assoziationen, Situationen, fallen mir dazu ein...?“
Ziehen Sie sich für einige Minuten an einen ruhigen Ort zurück und machen Sie ein Brainstorming, indem Sie Ihre Gedanken aufschreiben.
Was fällt mir ganz spontan zum Thema „Spuren und Wege“ ein?

....

....

....

....

....

....

....

Als Methode zur Dokumentation der Brainstorming-Gedanken, zur Ordnung der entwickelten Ideenvielfalt sowie zur Herstellung von Zusammenhängen eignet sich die Erstellung einer eigenen Mindmap.
Sie benötigen dazu ein größeres Blatt Papier, verschiedenfarbige Stifte und Ihre Brainstorming-Notizen. Schreiben Sie in die Mitte des Blattes „Spuren und Wege“ und zeichnen Sie dazu, was Sie mit dieser Thematik verbinden. Dann stellen Sie die dazu gehörigen Ideen differenziert dar: Sie können schreiben und zeichnen, Zusammenhänge durch Pfeile sichtbar machen, Wichtiges bunt markieren, ... Falls Ihnen später noch etwas dazu einfällt, dann ergänzen Sie es einfach an der passenden Stelle.
Tipp: Blättern Sie auf die nächste Seite. Sie können die von mir erstellte Mindmap durch Ihre eigenen Ideen ergänzen oder umgekehrt (→ S. 8 f.).

Spurwechsel mit Wegbeschreibung

Wie können mir meine Überlegungen für den konkreten Schulunterricht helfen? Wenig, wenn Sie Ihre Gedanken samt Aufzeichnungen sofort ad acta legen. Sehr viel, wenn Sie das Buch als Anlass und Gelegenheit wahrnehmen, Ihre Schulpraxis spielerisch zu überdenken und mithilfe der vorliegenden Materialsammlung, angereichert durch Ihre eigenen Ideen und Vorstellungen, eigene Erfahrungen in Richtung Werkstatt-Unterricht zu machen.
Der Werkstatt-Unterricht ermöglicht das Lernen und Lehren in Schule und Unterricht auf der Basis aktueller lernpsychologischer Forschungsergebnisse (Kognitive Lerntheorie) zu reflektieren und zu diskutieren. Das Lernen ist ein lebenslänglicher Prozess, der sich immer nur im Menschen selbst vollziehen kann und auf mehrdimensionale Erfahrungen und Handlungen angewiesen ist. Daraus wird die schulpädagogische Forderung abgeleitet, den Lernenden als Individuum und als Einheit von Denken, Fühlen und Handeln verstärkt in das Zentrum des Unterrichtsgeschehens zu rücken. *„Das Lernen lernen!“* tritt im Lernprozess in den Mittelpunkt. Neben dem Erwerb von Kenntnissen in einzelnen Fächern und Disziplinen gilt es in der Schule gleichzeitig zu vermitteln, wie sich Heranwachsende eigenständig spezialisieren und innerhalb individueller Interessensgebiete differenziert vertiefen können. Im selbstverantwortlichen Entdecken und Erkunden von Lerngebieten sowie im Erkennen persönlicher Begabungen, Stärken und Schwächen werden Selbstbewusstsein und Selbsteinschätzung mitaufgebaut. Dabei handelt es sich um Kompetenzen, die

Mindmap

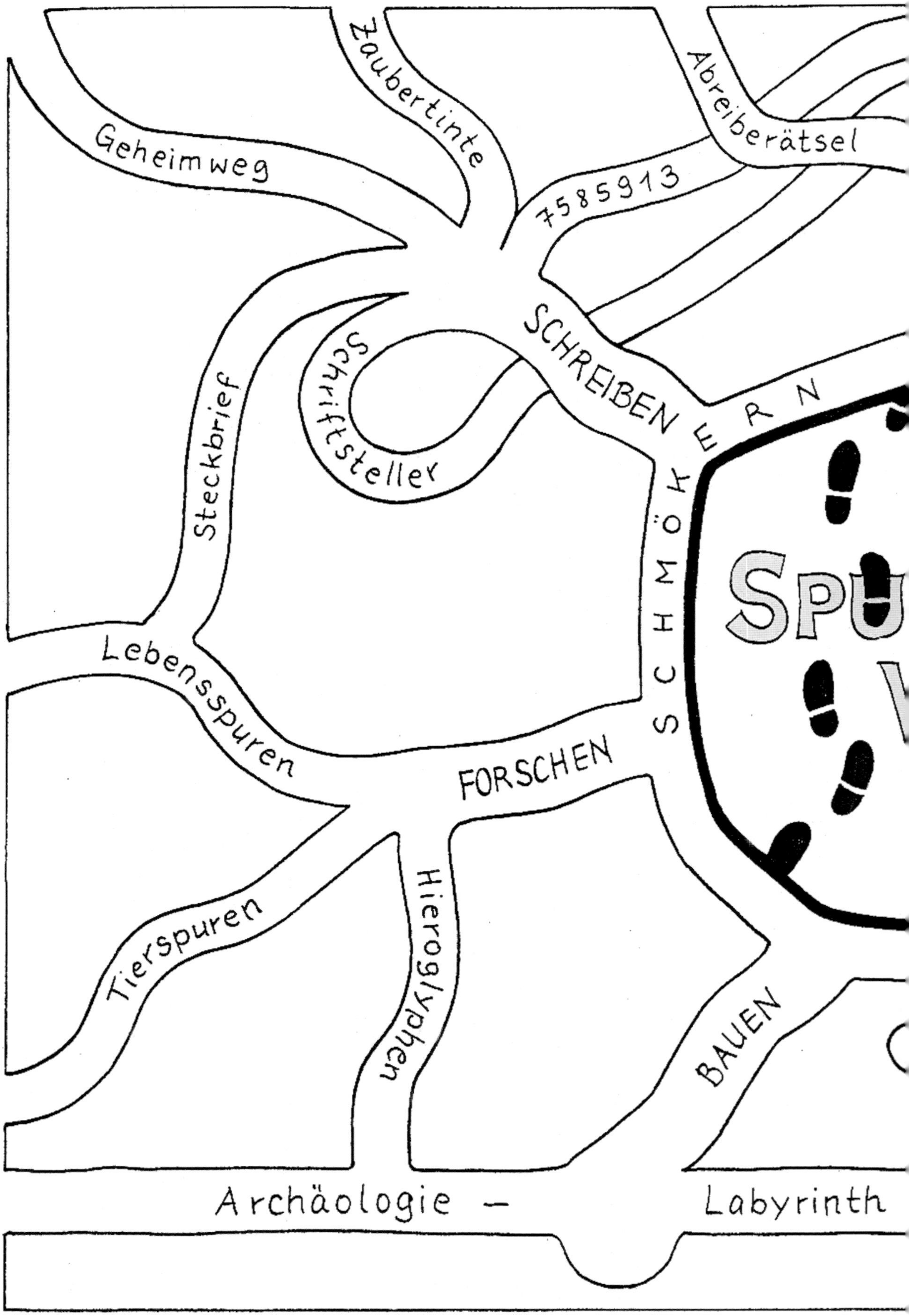
Zaubertinte
Abreiberätsel
Geheimweg
7585913
SCHREIBEN
Schriftsteller
Steckbrief
SCHMÖKERN
Lebensspuren
FORSCHEN
Tierspuren
Hieroglyphen
BAUEN
Archäologie –
Labyrinth

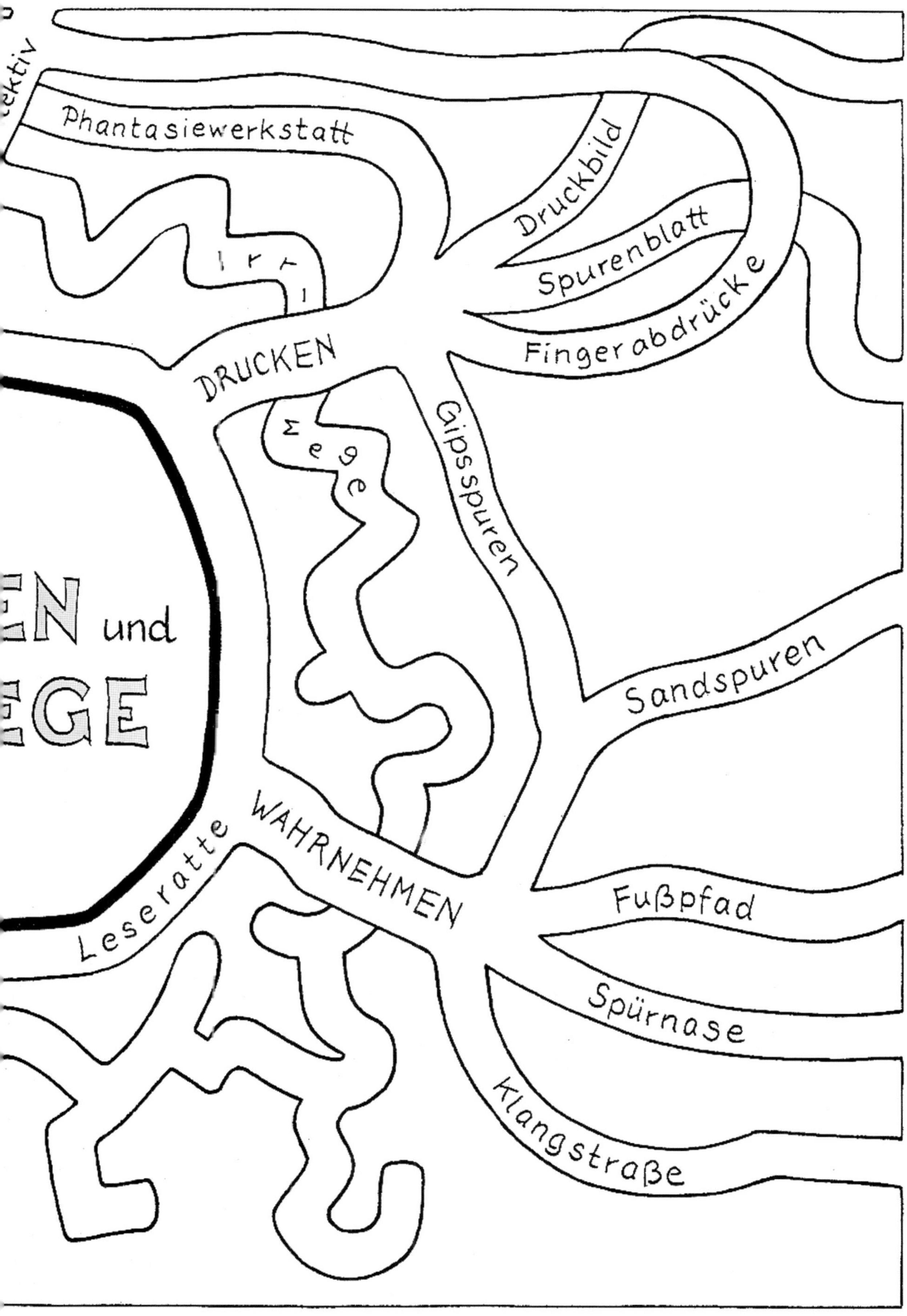

ektiv
Phantasiewerkstatt
Irr
Druckbild
Spurenblatt
Fingerabdrücke
DRUCKEN
Wege
Gipsspuren
N und
GE
Sandspuren
WAHRNEHMEN
Leseratte
Fußpfad
Spürnase
Klangstraße

dazu beitragen, das Leben nach den eigenen Bedürfnissen, Gegebenheiten und Vorstellungen gestalten zu können. Die Spuren-und-Wege-Werkstatt stellt als Materialsammlung ein Angebot für Lehrer dar, durch entdeckend-kreativ-handlungsorientierte Unterrichtsmethoden einer zukunftweisenden Schule gerecht werden zu können. Sie ist gleichzeitig ein Modell dafür, wie Schüler, von einem vorgegebenen Leitthema ausgehend, ihren persönlichen Fähigkeiten und Interessen nachspüren und persönliche Lernwege und Lösungsstrategien finden können.
Der Titel „Spuren und Wege“ macht neugierig, wirft Fragen auf und regt zur Auseinandersetzung an: Spuren und Wege werden konkret betrachtet (Tierspuren, Labyrinth), aber auch abstrakt beleuchtet (Lebensspuren, Geheimweg).
Infolge des umfassenden Themenkreises und durch den Verzicht auf einen direkten Bezug zu feststehenden Lehrplanbereichen werden Freiräume eröffnet, die zu vernetzt-fächerübergreifenden Unterrichtsaktivitäten auffordern: Die Schüler können bauen, suchen, schreiben, drucken, forschen, wahrnehmen und schmökern, wenn sie den Spuren von Tieren und Menschen der Gegenwart und Vergangenheit folgen, Labyrinthe und Irrwege gehen, eigene Spuren in Schrift, Zeichen und Abdrücken hinterlassen, Gerüchen und Klängen nachspüren, lesend auf Spurensuche gehen…
Das Lernangebot Spuren und Wege – ausgearbeitet vorliegend als Materialsammlung in Form von 24 Angebotskarten samt Anweisungen, Arbeitsblättern, Spielvorlagen, Rätseln, Tabellen, Impulskarten usw. – wurde zum Großteil für das Augsburger Lernwerkstatt-Projekt „Werkstatt-Tage für Schulklassen“ im Teamwork von Lehramtsstudentinnen unter meiner Betreuung entwickelt. Zum Werkstatt-Unterricht kamen Klassen aller Schularten in die Lernwerkstatt. An diesen Vormittagen durften die Schüler selbst entscheiden, welche Angebote sie im Zeitrahmen von etwa zwei Stunden wahrnehmen wollten. Ebenso oblag es ihrem eigenen Entschluss, wie lange sie sich mit einer spezifischen Aufgabe beschäftigten und ob sie lieber alleine oder gemeinsam mit einem Partner arbeiteten. Neben einigen grundsätzlichen Verhaltens- und Arbeitsregeln, die einer gemeinsamen Vereinbarung bedurften, waren die Kinder also sehr frei in ihren Entscheidungskompetenzen innerhalb der für sie vorbereiteten themenbezogenen Lernumgebung.
Die Erprobung der Materialsammlung erfolgte in mehreren Durchgängen mit Klassen der Stufen 3/4 und 5/6. Hierbei wurden gezielt wissenschaftliche Beobachtungen und gelenkte Befragungen im Hinblick auf Eignung, Effektivität und Beliebtheit der einzelnen Angebote durchgeführt sowie hinsichtlich des Arbeits- und Sozialverhaltens der selbstständig Lernenden. Gewonnene Erkenntnisse führten zu Reflexionsgesprächen und mündeten in Veränderungsmaßnahmen an einzelnen Materialien.
Die Spuren-und-Wege-Werkstatt wurde für alle Teilnehmer zu einem einmaligen Erfolgs- und Erfahrungserlebnis:
„So macht Schule Spaß!“ und „Jetzt haben wir ganz auf die Pausen vergessen!“ waren spontane Schülermeldungen, die das äußerst zufrieden stellende Echo der an den Spuren-und-Wege-Materialien Arbeitenden widerspiegelten (→ Am Ende steht 121f.).

Die Spuren-und-Wege-Werkstatt

Erzähle mir und ich vergesse.
Zeige mir und ich erinnere.
Lass es mich tun und ich verstehe!
(Konfuzius)

Der Begriff „Werkstatt", der zum einen den Lernort und zum anderen die Art des Lernens charakterisiert, ruft bewusst Assoziationen zu klassischen Arbeitsstätten von Handwerkern und Künstlern hervor: Wird in der Schreinerwerkstatt Holz kreativ bearbeitet, so ist im Werkstatt-Unterricht der Lernprozess selbst Gegenstand der Arbeit und Betätigung.
Das Werkstatt-Lernen ermöglicht den einzelnen Schülern[3], sich mit einem Thema – hier „Spuren und Wege" – innerhalb einer vorbereiteten Lernumgebung und mittels eines vielfältigen Arrangements an Lernsituationen und -materialien individuell und handlungsorientiert auseinander setzen zu können. Spezifische Erfahrungen zu sammeln und vielfältige Lernprozesse einzuleiten sowie weiterzuentwickeln stehen im Vordergrund und nicht das gleichzeitige Durcharbeiten für alle verbindlichen Wissensbereiche. Dem Lernenden, ob Schüler oder Erwachsener, wird das Vertrauen entgegengebracht, seinen Entwicklungs- und Lernprozess unter den vorgegebenen Bedingungen selbst in die Hand zu nehmen.

Welche Bedingungen müssen zum Werkstatt-Lernen geschaffen werden?
- Räumlichkeiten, die sich für Aktivitäten eignen und zur Auseinandersetzung anregen
- Materialangebot, das selbstständiges Lernen ermöglicht
- Lehrer, die vielfältige Lernprozesse in die Wege leiten, begleiten und reflektieren

Wie kann Werkstatt-Lernen charakterisiert werden?
- handlungsorientiert und materialgeleitet
- fächerverbindend und klassenübergreifend
- entdeckend und kreativ
- eigenverantwortlich und selbstbestimmt
- interessengeleitet und vielsinnig
- schülerorientiert und gemeinschaftsfördernd

Lernen mit der Spuren-und-Wege-Werkstatt

Hilf mir, es selbst zu tun!
(Maria Montessori)

Die Schüler lernen anhand des Materialangebots zum Thema „Spuren und Wege" primär den Dingen selbst auf den Grund zu gehen:
Sie entdecken dabei nicht nur eigene Interessen und Bedürfnisse („Ich habe Spaß daran, die Herkunft der Hieroglyphen zu erforschen und Namen oder kleinere Texte in dieser antiken

[3] Wird von Schülern ausgegangen, so sind damit immer alle Lernenden angesprochen, also gleichzeitig auch Erwachsene wie Eltern und Lehrer, die sich z. B. im Rahmen von Elternabenden oder Konferenzen mit den Werkstattangeboten auseinander setzen.

Schriftart zu zeichnen."), sondern finden auch Mittel und Wege, sich Wissensbereiche, Fähigkeiten und Fertigkeiten selbstständig anzueignen („Beim Fingerabdrücken habe ich herausgefunden, wie viel Stempelfarbe ich benötige, damit der Abdruck gut sichtbar wird und ich meine Abdruckmuster genau beschreiben kann."). Zudem erwerben die Schüler die Kompetenz, eigenverantwortlich zu entscheiden, womit sie sich beschäftigen wollen, wie lange und intensiv sie sich einem Angebot widmen möchten und ob sie lieber alleine oder im Team arbeiten wollen.Neben diesen schülerorientierten Lernvorstellungen impliziert der Werkstatt-Unterricht immer auch ein hohes Maß an sozial-emotionalen Erfahrungen. Kinder, die mit den Spuren-und-Wege-Angeboten gleichzeitig an zum Teil sehr unterschiedlichen Lernbereichen arbeiten, versuchen überflüssigen Lärm zu vermeiden, helfen einander bei Problemen oder strengen sich gemeinsam an, eine Aufgabe erfolgreich bewältigen zu können.
Verstöße gegen vereinbarte Verhaltens- und Arbeitsregeln werden diskutiert, Lernergebnisse gegenseitig vorgestellt und Aufräumarbeiten zusammen erledigt. Es wird miteinander kooperiert und kommuniziert, die Schüler diskutieren, besprechen, kritisieren und loben. Manchmal geraten sie in Auseinandersetzungen, meistens jedoch haben sie Spaß an den gemeinsamen Aktivitäten.

Wie sieht der Werkstatt-Unterricht konkret aus?

In ein oder mehreren Räumen werden die Schüler mit einer Auswahl an verschiedenen Angebote aus den sieben Aktivitätsfeldern (Bauen/Drucken/Forschen/Schmökern/Schreiben/Suchen/Wahrnehmen) konfrontiert. Ein Lernangebot besteht immer aus einer Angebotskarte (= Karte mit Symbol und Aufgabenbezeichnung, z. B. Archäologie), die die Schüler über die hier möglichen Arbeitsbereiche informiert. Zusätzlich befindet sich im Umkreis der Karte das übrige Material, das zur Bearbeitung notwendig ist, so z. B. Gefäßscherben in Blumentöpfen, Pinsel und Klebstoff, Bücher und Quizspiel für das Archäologie-Angebot (→ Materialien, S. 24). Die Schüler wählen selbstständig aus, womit sie beginnen möchten, und arbeiten alleine oder im Team so lange daran, bis sie freiwillig zum nächsten Angebot wechseln oder die vorgesehene Werkstatt-Zeit zu Ende ist.

Welche Rolle spielt dabei der Lehrer[4]?

> *Der Lehrer steht meistens im Zentrum*
> *und damit allem im Wege.*
> (Johannes Wittmann)

Im Mittelpunkt der Spuren-und-Wege-Werkstatt steht der Schüler mit seinen unterschiedlichen Erfahrungen und Interessen. Der Lehrer rückt gleichzeitig in den Hintergrund und versteht sich als dem Lernenden gleichwertiger Partner, als Begleiter und Helfer. Die Vermittlung von Wissen und Können ein Stück weit an das angebotene Material zu übertragen – das muss ein meistens Lehrender nun lernen!
Um bei den Schülern selbstgeleitete Lernprozesse initiieren zu können, bedarf es im Vorfeld jedoch einer kreativen Handlungsbereitschaft durch den Lehrer sowie einer durchdachten Planung, Vorbereitung und Durchführung der dafür vorgesehenen Unterrichtszeit.

---

4 Wird von Lehrern gesprochen, sind damit ebenso Eltern, Studenten und Kollegen gemeint, die am Werkstatt-Unterricht teilnehmen wollen. Sie können zum einen hilfesuchenden Kindern zur Seite stehen und zum anderen Selbsterfahrungen mit offenen Lernsituationen machen, indem sie sich wie Schüler mit einzelnen Angeboten auseinander setzen.

Der Lehrer...

...holt im Vorfeld Informationen über seine Schüler ein, um beurteilen zu können, von welchen Lernvoraussetzungen er ausgehen kann und welche Materialien sich demzufolge als Angebote eignen.
...plant und organisiert das Werkstatt-Lernen, d. h. er stellt die geeigneten Angebote samt Materialien zusammen, arrangiert die Lernumgebung so, dass sich die Schüler darin selbstständig zurechtfinden können sowie zur Bearbeitung motiviert werden und vermittelt den Schülern notwendige Informationen (Einführen in die Methode des Werkstatt-Lernens; Besprechen von Unterrichtsverlauf, Zeitrahmen, Sozialformen und Verhaltensregeln; Überblickgeben über die aufgebauten Angebote), um sicher in der Spuren-und-Wege-Werkstatt agieren zu können.
...begleitet die Lernprozesse der Schüler, d. h. er nimmt Kenntnis von Fortschritten, Schwierigkeiten und Ergebnissen, um den nachfolgenden Unterricht darauf abstimmen zu können.

...beobachtet und befragt, evaluiert und reflektiert das Verhalten und die Rückmeldungen der Lernenden, um die sich daraus ergebenden Erkenntnisse in den nachfolgenden Schulalltag einfließen lassen zu können:
Benötigen die Schüler während der Arbeit keine Hilfestellungen oder stehen dafür zusätzlich Eltern, Studenten oder Kollegen zur Verfügung, bietet sich die kostbare „freie" Zeit zur Beobachtung an. Schon im Rahmen der Planungsüberlegungen sollten Schwerpunkte gesetzt werden; z. B.: Wie verhalten sich einzelne Schüler während der Arbeit und/oder im sozialen Umfeld? Welche Schülergruppen bilden sich bzw. wer arbeitet lieber alleine oder zu zweit? Welche Angebote sind am beliebtesten? Die Fragen können auf Karteikarten notiert und in die Hosentasche gesteckt werden, sodass diese beim Herumgehen und Beobachten stets griffbereit sind.
Nach einer längeren Phase des Werkstatt-Lernens haben sich mündliche und/oder schriftliche Befragungen der Schüler hinsichtlich ihrer Erfahrungen während der Arbeit als sehr erkenntnisreich herausgestellt. Im Rahmen einer abschließenden Reflexionsrunde (→ Werkstatt-Tag, S. 20ff.) oder in Form eines Fragebogens (→ S. 123) können die Antworten der Kinder auf einige wenige zuvor überlegte Fragen wie etwa „Was hat dir besonders gut gefallen?" oder „Welches Angebot hat dich besonders interessiert?" sehr aufschlussreich sein. Die mündlichen Antworten können stichwortartig mitgeschrieben oder mittels Kassettenrekorder aufgezeichnet werden.

Literaturtipps:
Ingenkamp, K.: Diagnostik in der Schule. Beltz-Verlag: Weinheim 1989.
Köck, P.: Praxis der Beobachtung in Kindergarten, Hort, Heim, Schule, Ausbildungsstätten, Fortbildungseinrichtungen. Auer-Verlag: Donauwörth 1993.
Langer, A. u. a.: Lehrer beobachten und beurteilen Schüler. Oldenbourg-Verlag: München 1997 (6. Aufl.).

Einsatz der Materialien

Das vorliegende Materialangebot kann sowohl als Ganzes als auch in seinen Einzelteilen im Schul- und Freizeitbereich zum Einsatz kommen. Werden Angebotskarten und dazugehörige Materialien einmal zusammengestellt und aufbewahrt, so können sie zur selbstständig-handlungsorientierten Bearbeitung von Themenschwerpunkten oftmals wiederverwendet werden.[5]

Welche konkreten Einsatzmöglichkeiten in Schule und Unterricht gibt es?

Das Materialangebot kann grundsätzlich eingesetzt werden im Rahmen...

...einer Spuren-und-Wege-Woche:
Das gesamte Material wird in verschiedenen Räumlichkeiten der Schule aufgebaut und entweder einzelnen Klassen oder allen Schülern der Schule stundenweise zur Bearbeitung zur Verfügung gestellt.

...einzelner Werkstatt-Tage:
Mehrere Angebote werden ausgewählt und innerhalb der Klasse mit Erweiterungsmöglichkeiten auf dem Gang, im Werkraum usw. für ein oder zwei Tage als Arbeitsmittel angeboten (→ Werkstatt-Tag-Beispiel eines Verlaufsprotokolls, S.20ff.)

...von Vertretungsstunden:
Vorbereitete Materialangebote wie etwa Fingerabdrücke oder Schriftsteller eignen sich gut für den Unterricht in Klassen, deren Schüler dem Vertretenden nicht vertraut oder unbekannt sind oder für den gezielte Vorbereitungen nicht möglich waren.

...altersheterogene Gruppen:
Teile des Materials können als Bearbeitungsmöglichkeiten für altersgemischte Lerngruppen (z. B. wenn 3. und 4. Klassen einmal gemeinsam lernen wollen), für Schulfeste sowie im Rahmen außerschulischer Veranstaltungen und Unternehmungen (Schullandheimaufenthalt, Freizeitaktivitäten usw.) angeboten werden.

...des Fachunterrichts:
Je nach Unterrichtsthema lassen sich einzelne Angebote wie etwa Tierspuren oder Druckbild in Fächern wie Sachunterricht/Biologie oder Kunst in Kleingruppen bearbeiten.

---

[5] Die Werkstatt-Angebote können auch im Rahmen der Erwachsenenbildung zum Themenkreis „Offener Unterricht/Neue Lernformen/Materialgeleitetes Lernen/Altersgemischter Unterricht/Lernwerkstätten" zum Einsatz kommen. Vor allem da, wo man als Lehrer Erwachsene, seien es Eltern oder Kollegen, von der Notwendigkeit und Effektivität schülerorientierter Unterrichtsmethoden überzeugen möchte, empfiehlt es sich, diese selbst an Teilen aus Spuren und Wege arbeiten zu lassen. Im Sinne F. Vesters „Jeder hat die Aufgabe, das Lernen neu zu lernen" sollten Erwachsene noch einmal die Gelegenheit wahrnehmen können, sich wie Kinder ungezwungen mit interessanten Dingen beschäftigen zu dürfen. Erst wenn Erzieher und Lehrer selbst erfahren haben, wie viel in entdeckenden Lernprozessen geleistet wird, wie hoch die freiwillige Anstrengung bis zur Zielerreichung und wie groß die Freude am Miteinanderlernen ist, können sie die Wichtigkeit und Bedeutsamkeit der Werkstatt-Arbeit erkennen. In nachfolgenden Gesprächsrunden wird meistens Erkennen und Einsicht bei den Erwachsenen festgestellt, wenn sie ihre Selbsterfahrungen austauschten und reflektierten, und nicht selten werden gleichzeitig Hilfsangebote zur Materialherstellung oder zur Betreuung der Schüler während des Werkstatt-Unterrichts angeboten.

...der Freien Arbeit:
Fertig gestellte und in Kisten oder Taschen gesammelte Angebote wie z. B. Detektiv oder Fantasiewerkstatt können in der Klasse aufbewahrt und den Schülern während der Freiarbeitszeit zur Verfügung gestellt werden.

...von Elternabenden, Konferenzen oder Arbeitskreisen[5]:
Die Bearbeitung ausgewählter Materialien ermöglicht entdeckendes Spuren-und-Wege-Lernen der Erwachsenen im Rahmen diverser Veranstaltungen mit anschließender Möglichkeit zur Diskussion und Reflexion.

Vorbereitungen

• ***Auswahl der Angebote***
Bevor wahllos mit der Materialher- und -zusammenstellung begonnen wird, sollte bekannt sein:

Zielgruppe
Sind es Kinder, die sich verschiedenen Themengebieten materialgeleitet annähern sollen? Sind es Eltern oder Lehrerkollegen, die eine Angebotsauswahl kennen lernen sollen?

Lernvoraussetzungen
Für Schüler welcher Klassenstufen (altersheterogen oder -homogen) sollen die Angebote bereitgestellt werden? Bringen die Kinder alle notwendigen Lernvoraussetzungen mit oder müssen im Vorfeld noch einzelne Voraussetzungen geschaffen werden?

Aktivitäten
Welchen Themenbereichen und Tätigkeitsformen sollen sich die Lernenden zuwenden können? Sind es kognitive, pragmatische und/oder sozial-emotionale Lernziele, die in den Vordergrund rücken sollen? Die Spuren-und-Wege-Materialsammlung besteht aus sieben Aktivitätsfeldern, die jeweils unterschiedliche Ausprägungen von Handlungsmöglichkeiten – konkretes Tun bis abstraktes Bearbeiten – zulassen:

1. Bauen
2. Drucken
3. Forschen
4. Schmökern
5. Schreiben
6. Suchen
7. Wahrnehmen

Welche Aktivitäten haben für die ausgewählten Schüler voraussichtlich hohen Motivationscharakter? Welche Felder können gut in die Gesamtplanung des Unterrichts integriert werden?
Die Materialsammlung ist so aufgebaut, dass jedes der sieben Aktivitätsfelder, gekennzeichnet durch unterschiedliche Symbole, genauer definiert wird: Angebote und deren Inhalte, Zielvorstellungen, benötigte Materialien sowie methodisch-didaktische Anregungen und Tipps. Der Informations-

block (→ Beispiel Bauen S. 23f.) gibt anfangs den notwendigen Überblick und Hintergrund, um entscheiden zu können, welche der 24 konkreten Werkstatt-Angebote aus den einzelnen sieben Aktivitätsfeldern zum Einsatz kommen sollen.

• ***Bereitstellung der Materialien***

Zu den Aktivitätsfeldern liegen 24 ausgearbeitete Werkstatt-Angebote vor:

1. Labyrinth
2. Archäologie
3. Druckbild
4. Fantasiewerkstatt
5. Spurenblatt
6. Fingerabdruck
7. Gipsspuren
8. Tierspuren
9. Hieroglyphen
10. Lebensspuren
11. Leseratte
12. Steckbrief
13. Geheimweg
14. 7 5 8 5 9 13
15. Kalligraf
16. Zaubertinte
17. Schriftsteller
18. Abreiberätsel
19. Irrwege
20. Detektiv
21. Fußpfad
22. Sandspuren
23. Spürnase
24. Klangstraße

Im Informationsblock des jeweiligen Aktivitätsfeldes befindet sich ein Raster, in dem sowohl das in Form von Kopiervorlagen vorhandene Material (wie Angebotskarten, Spiele, Kärtchen, Vorlagen, Tabellen, Texte usw.) als auch das vom Lehrer für das jeweilige Angebot bereitzustellende Material aufgelistet sind (→ Beispiel Steckbrief, S.69).

Ein Werkstatt-Angebot besteht immer aus einer Angebotskarte und dem dazugehörigen Arbeits- und Verbrauchsmaterial:

1. Angebotskarte

Auf der Karte befinden sich alle zur Bearbeitung des Angebots notwendigen Informationen. Will der Schüler erfahren, womit er sich im Rahmen dieses speziellen Werkstatt-Angebots auseinander setzen kann, dann muss er zu Beginn unbedingt die Angebotskarte in die Hand nehmen. Erst wenn er den Text gelesen hat, kann er sich zum einen entscheiden, ob er dieser Aufgabe überhaupt nachgehen möchte, und zum anderen kundig machen, welche Mittel ihm zur Bewältigung zur Verfügung stehen.

Aufbau der Angebotskarte:

Hier werden zum einen Arbeitsmöglichkeiten beschrieben, Anleitungen gegeben und Informationen erteilt (mit dem Symbol gekennzeichnet, was bedeutet „Was es hier Interessantes zu erfahren gibt!"; mit dem Symbol gekennzeichnet, was bedeutet „Was ich hier alles machen kann!") und zum anderen Anregungen für zusätzliche, weiterführende Aufgaben gegeben (das Symbol bedeutet „Was ich weiterführend machen kann, wenn ich Lust dazu habe!").

Durch ein Symbol kann jede Angebotskarte dem entsprechenden Aktivitätsfeld zugeordnet werden.

Änderungen innerhalb der Angebotskarte:

Um die Angebotskarte in Text und Bild dem Verständnis der jeweiligen Schüler, die damit arbeiten werden, optimal anpassen zu können, ist es gegebenenfalls anzuraten, diese in Einzelheiten abzuändern. Bevor sie mit Folie überzogen wird, können beispielsweise kürzere Sätze, Hinweise, Erklärungen oder auch Skizzen und Bilder hinzugefügt werden, ebenso wie Textstellen weggelassen oder Bezeichnungen ausgetauscht werden dürfen.

Gestaltungsform der Angebotskarte:
Die einfachste Lösung, die Angebotskarte fertig zu stellen, ist, die Vorlage auf einen stärkeren Karton zu kleben und abschließend zu laminieren bzw. in eine Klarsichthülle zu stecken.
Damit sich die für die selbstständige Bearbeitung so entscheidende Angebotskarte jedoch besser sichtbar von den übrigen umliegenden Materialien hervorhebt, wird als optimale Lösung empfohlen, aus der Angebotskarte eine stabile Stehkarte zu fertigen:

- DIN-A4-Karton, der Querseite nach in der Mitte knicken und zu einer Stehkarte aufstellen
- Text der Angebotskarte zurechtschneiden und auf Vorder- und Rückseite (bei längeren Texten) der vorbereiteten Kartonstehkarte kleben
- Angebotskarte mit Folie überziehen (weil sie sich in vielen Kinderhänden befinden wird!)

2. Ergänzendes Material
Neben den vorliegenden Kopiervorlagen wie Arbeitsblätter, Karteikarten, Spiele, Tabellen usw. werden ergänzende Materialien, wie etwa Bücher und Werkzeug sowie Verbrauchsmaterial wie Papier, Stifte, Klebstoff, Nägel, ... benötigt.

Tipp zur Haltbarkeit:
Materialteile (etwa Spiele oder Tabellen), die häufig Verwendung finden, auf stärkeren Karton kleben und laminieren bzw. mit Folie überziehen.

Tipp zur Kennzeichnung:
Damit alle Materialien, die zur Bearbeitung eines einzigen Angebots notwendig sind, als solche von den Schülern erkannt werden, empfiehlt es sich, jedes einzelne mit dem entsprechenden Symbol des Angebots zu versehen. Zur Erleichterung der Kennzeichnung gibt es im Anhang alle notwendigen Angebots-Symbole als Kopiervorlage, die, mehrmals kopiert und ausgeschnitten, leicht mit Klebefolie auf den einzelnen Materialteilen befestigt werden können.
Die Schüler sollen mit den Materialien nicht nur selbstständig arbeiten können, sondern diese auch in einem aufgeräumten Zustand hinterlassen: Durcheinander gebrachte Materialien sind durch diese Symbolkennzeichnung sehr schnell wieder den entsprechenden Angeboten zuzuordnen.

Tipp zur Aufbewahrung:
Bei der sogenannten „Taschenmethode" handelt es sich um einen Vorschlag zur Sammlung und Aufbewahrung der Angebotsmaterialien. Wenn Angebote fertig gestellt sind, also ihre jeweiligen Angebotskarten samt Materialien gesammelt vorliegen, dann hat sich ihre Aufbewahrung in größeren Stofftaschen (evtl. mit dem Symbol des entsprechenden Angebots versehen) als sehr geeignet herausgestellt. Der Grund liegt zum einen darin, dass die vielfältigen Materialien somit übersichtlich geordnet sind, zum anderen können die Angebote sehr leicht transportiert und eingesetzt werden (z. B. vom Lehrer in der Vertretungsklasse oder vom Schüler während der Freiarbeit).
Sind mehrere Angebote in Taschen verpackt, bietet es sich an, diese gesammelt in einem Koffer namens „Spuren-und-Wege-Koffer" auf die Reise durch die Schullandschaft zu schicken!

• *Lernumgebung*
Schon der Name Spuren-und-Wege-Werkstatt impliziert, dass Schüler mit dem Material wie kreative Künstler und tatkräftige Handwerker emsig arbeiten: Sie drucken Bilder, hämmern Labyrinthe, tippen Geschichten, kleben Ausgrabungsfunde zusammen,... Die Lernumgebung sollte aus diesem Grund den spezifischen Charakter einer Werkstatt besitzen, in der an Tischen, auf Werkbänken und am Boden etwas hergestellt werden kann.

Welche Räumlichkeiten stehen zur Verfügung (Klassen, Gänge, Werkräume, Schulhof, Aula usw.)? Wie können Tische und Stühle verschoben werden, damit die vorbereiteten Werkstatt-Angebote übersichtlich auf Tischen, Tafeln, Ablagen usw. arrangiert werden können? Welche Angebote müssen idealerweise neben dem Waschbecken aufgebaut werden? (Beispiel: Die Herstellung eines großflächigen Druckbildes ist mit aufwändigeren Putzarbeiten verbunden als das Tippen einer Geschichte auf der Schreibmaschine.) Welche Aufgaben benötigen ruhige Standorte? (Beispiel: Das Schmökern in Büchern oder das Verfassen von Fantasiegeschichten bedarf eines ruhigeren Umfeldes als dies bei der Aufgabe Abreiberätsel der Fall ist.) und welche Angebote sollten aus verschiedenen Gründen nicht dicht nebeneinander platziert werden (Beispiel: Der Lärmpegel, verursacht durch das Hämmern eines Labyrinths, stört bestimmt jene Schüler, die voller Konzentration Irrwege mit den Augen gehen möchten.)?

Tipp zur Standortwahl der einzelnen Angebote:
Es ist günstig, eine kleine Skizze von den zur Verfügung stehenden Räumlichkeiten zu erstellen, auf der die gedanklichen Überlegungen zur Wahl der einzelnen Angebotsstandorte visualisiert werden können, denn Fehler werden oft erst durch diese bildliche Darstellung offensichtlich.
Für Schüler wirken sich die Bemühungen des Lehrers motivierend aus, die Lernumgebung interessant und ästhetisch ansprechend zu arrangieren. Räumliche Gestaltungsmaßnahmen tragen dazu bei, im Umfeld der einzelnen Angebote eine Atmosphäre zu schaffen, die Kinder neugierig macht und den spezifischen Charakter der jeweiligen Betätigungsmöglichkeit widerspiegelt. Oft genügen einige wenige Aufwendungen – ein buntes Tischtuch, eine schöne Tafelzeichnung, passende Poster an der Wand und interessante Gegenstände zum Thema an den entsprechenden Standorten verteilt.
In den Informationsblöcken der Aktivitätsfelder werden unter „Tipps" vereinzelt Gestaltungsanregungen gegeben, so zum Beispiel wie eine Schreibstube für Kalligrafen eingerichtet werden kann (→ Schreiben/Tipps, S. 71).
Überlegen Sie, wie Sie die vorbereiteten Werkstatt-Angebote ästhetisch anregend innerhalb ihres geplanten Standortes aufbauen und übersichtlich arrangieren können. Welche Mittel stehen Ihnen bereits zur Verfügung, welche Dinge können die Schüler im Vorfeld mitbringen oder herstellen und was müssen Sie selbst noch besorgen? Nicht nur Ihre Schüler, sondern auch Sie werden daran viel mehr Freude haben!

• ***Gedanken zum Einsatz in Schule und Unterricht***
Werkstatt-Lernen setzt ein Umdenken des Lehrers voraus (→ Lehrerrolle, S. 12f.). Wenn auch der Lehrer während des laufenden Werkstatt-Unterrichts in den Hintergrund tritt, plant und organisiert er im Vorfeld und begleitet und evaluiert den Lernprozess der Kinder währenddessen. Sind die Materialien der Werkstatt-Angebote ausgewählt und fertig- bzw. zusammengestellt und haben sie einen geeigneten Platz innerhalb einer ästhetisch-motivierenden Lernumgebung gefunden, dann warten sie nur noch auf den Einsatz im Unterricht, den der Lehrer in Anbetracht folgender Überlegungen plant und durchführt:

Fragenkatalog zur Unterrichtsgestaltung

Zeitrahmen oder: Wie wird die Zeit eingeteilt?
- Wie lange sollen die Schüler selbstständig mit den Angeboten arbeiten?
- Wie viel Zeit wird für Erklärungen und Informationen verwendet?

Werkstatt-Verlauf oder: Wie wird der Unterricht gegliedert?
- Wie können Einstieg und Anschluss des Werkstatt-Unterrichts gestaltet werden?
- In welcher Phase müssen bestimmte Arbeits- und Verhaltensweisen geklärt werden?

Freiheiten oder: In welchem Ausmaß dürfen die Schüler frei wählen?

- Können die Kinder nach ihren eigenen Bedürfnissen unabhängig von den anderen über ihre Beschäftigungsart und -zeit entscheiden oder wechseln die Schüler gruppenweise von Angebot zu Angebot?
- Sind bestimmte Arbeiten zwingend in Einzel-, Partner- oder Gruppenarbeit zu erledigen oder haben die Lernenden Freiheit in der Auswahl der Sozialform?
- Gibt es eine Pause für alle oder kann jeder Einzelne frei darüber verfügen, ob und wann er essen möchte oder einfach Ruhe und Entspannung benötigt?

Dokumentations- und Reflexionsmittel oder: In welcher Form sollen die Lernprozesse von den Schülern selbst dokumentiert und reflektiert werden?

- Wie erhalten die Kinder eine Übersicht über die von ihnen bearbeiteten Angebote?
- Auf welche Art können die Lernenden ihre eigenen Erfahrungen mit der Werkstatt-Methode und dem Material festhalten?
- Wann und in welcher Form erhalten die Schüler Gelegenheit, ihre Erfahrungen und Erlebnisse auszutauschen sowie ihre Ergebnisse zu präsentieren?
  (Weiteres zum Dokumentations- und Reflexionsmittel im Verlaufsprotokoll „Werkstatt-Tag“ S. 20ff.)

Gestaltungsvorschläge für ein Dokumentations- und Reflexionsmittel, mit dessen Hilfe Schüler ihre individuellen Lernerfahrungen festhalten können:

- Werkstatt-Ausweis: Raster mit Auflistung der Angebote und Kommentarmöglichkeit durch die Schüler (Kopiervorlage im Anhang)
- Werkstatt-Tagebuch bzw. -Heft oder -Zettel: Heft oder einfach Papier, auf das die Schüler die Symbole der von ihnen bearbeiteten Angebote kleben (Symbole im Anhang) und anschließend Kommentare dazu frei formulieren
  (Vorteile des Werkstatt-Tagebuches: 1. Schüler sind in ihren Aussagen freier, sie können die Arbeit beschreiben, Schwierigkeiten darstellen, ihre Lernpartner notieren, sowie das Tagebuch gleichzeitig als Schreibpapier verwenden; 2. Kinder werden durch das Fehlen der Angebotsauflistung weniger zur „Abarbeitung“ verleitet)

Beobachtung/Befragung oder: Welche Erkenntnisse und Einsichten können aus Beobachtungen bzw. Befragungen der Schüler während bzw. nach der Arbeit gewonnen werden?

- Wie verhalten sich einzelne Schüler oder Schülergruppen während des Werkstatt-Lernens?
- Welche Angebote sind besonders beliebt und warum?
- Welche Erkenntnisse kann ich aus den Beobachtungen und Aussagen ableiten?
- Welche Bereicherung erfährt dadurch mein zukünftiges schulpädagogisches Handeln? (→ S. 13)

Nützen Sie die Chance!

Werkstatt-Tag

– Beispiel eines Verlaufprotokolls –
Zeitrahmen: 8.00 – 12.00 Uhr
(Abkürzungen: S = Schüler / L = Lehrer)

Verlaufsphasen	Methodisch-didaktische Hinweise	Materialien
Freies Umschauen und Einstimmungsspiel Dauer: 25 Minuten	Erste Kontakte mit dem Spuren und Wege-Materialangebot: Freies Umschauen und „Beschnüffeln"	aufgebaute Werkstatt-Angebote(Angebotskarten und Materialien übersichtlich-ästhetisch gruppiert);
	Einstimmungsspiel zum Thema „Spuren und Wege": z. B. Bewegungsspiel (→ Ideen und Anleitungen im Ideen-Basar/Spiele spielen, S. 116) oder kurzes Brainstorming zum Thema (→ Vorwort, S. 7) mit Plakatgestaltung	Materialien für Spiel je nach Bedarf
Einführung in die Werkstatt-Methode Dauer: 30 Minuten	Assoziationen zu einer Impulsfrage: Im Sitzkreis sollen S/S zur Frage „Was stellt ihr euch unter Werkstatt-Lernen vor?" Stellung nehmen	
	Erste Bekanntschaft mit einer Angebotskarte: Exemplarisches Erklären einer Angebotskarte (Name, Symbole, Aufgaben) durch den L; Hinweis geben, dass die zur Bearbeitung der spezifischen Angebote notwendigen Materialien mit jeweils entsprechenden Symbolen versehen sind	Angebotskarte
	Rundgang durch das Angebotsspektrum: S/S werden vom L (gruppenweise, wenn mehrere L/L anwesend sind) zu den einzelnen Standorten der Lernangebote geführt: Exemplarisches Hinweisen auf die jeweilige Angebotskarte, die von den S/S immer als Erstes in die Hand genommen werden muss, auf das Symbolsystem (d. h. Angebot und alle dazugehörigen Materialien sind mit dem gleichen Symbol gekennzeichnet), …	aufgebaute Angebote
	Einführen in die Werkstatt-Arbeitsmethode: Im Sitzkreis bespricht der L mit den S/S: • Bearbeitungszeit von ca. 2 1/2 Stunden • Auswahl der Angebote ist frei und eigenverantwortlich • Bearbeitung wenn möglich ohne Hilfe durch den L, S/S-Hilfen begrüßenswert	

	• Zweck des Dokumentations- und Reflexionsmittels erläutern (→ S. 19) • Sozialformen frei wählen bzw. Hinweise geben, wann und wo eventuell zwingend alleine oder im Team gearbeitet werden soll • Verhaltens- und Arbeitsregeln beachten • Pausen nach Belieben (Brotzeit, Ruhephasen) an vereinbarten Orten	
	Besprechen von Verhaltens- und Arbeitsregeln: Notwendige Regeln werden auf einzelnen Papierstreifen oder einem Plakat festgehalten und für alle sichtbar im Raum angebracht, z. B.: Helft einander! Störe niemanden! Das Glockensignal bedeutet: Leise sein! Pro Angebot arbeiten maximal 4 Leute! Gehe sparsam mit den Materialien um! Verlasse deinen Platz so, wie du ihn vorgefunden hast! Lege die fertigen Arbeiten mit deinem Namen versehen in/auf... (Ablageplatz vereinbaren!)	Regeln auf Papierstreifen oder Plakat
	Aushändigen des Dokumentations- und Reflexionsmittels: S/S sollen ihre Arbeiten dokumentieren, d. h. die bearbeiteten Angebote festhalten (Womit habe ich mich beschäftigt?) und eine persönliche Stellung dazu abgeben (Wie hat es mir gefallen, was habe ich dabei gelernt, ...?), und ihre Aufzeichnungen als Hilfsmittel für das Gespräch der abschließenden Reflexionsrunde verwenden; Verhaltens- und Arbeitsregeln vervollständigen durch den Merksatz „Denke nach jeder fertigen Arbeit an dein Werkstatt-Tagebuch!“	Dokumentations- und Reflexionsmittel in Schüleranzahl
Arbeitsphase Dauer: 2 1/2 Stunden	Freie Arbeit mit den aufgebauten Materialangeboten: Ende der Arbeitsphase wird mit Glockenton und Hinweis des L „Begonnene Arbeit bitte fertig machen, aufräumen und sich mit den Arbeitsergebnissen abschließend im Sitzkreis versammeln!“ eingeläutet	aufgebaute Angebote
Sammlung und Reflexion Dauer: 20 Minuten	Meinungsaustausch innerhalb der Reflexionsrunde: Im Sitzkreis sollen sich die S/S mithilfe ihrer Aufzeichnungen im Werkstatt-Tagebuch zu ihren Erfahrungen während der Freien Arbeit äußern	je einen Papierstreifen mit „... hat mir besonders gut gefallen, weil...“ und „Mich hat gestört, dass...“;

	z. B.: 1. „...hat mir besonders gut gefallen, weil..." 2. „Mich hat gestört, dass..."; L hält dabei die Erfahrungsergebnisse der S/S fest	
	Präsentation von Arbeitsergebnissen: Arbeiten der S/S werden exemplarisch von diesen präsentiert, z. B. liest ein S seine Geschichte des Angebots Schriftsteller vor oder S/S stellen gemeinsam ihre Archäologie-Ausgrabungsfunde vor	exemplarische Arbeitsergebnisse
Gemeinsamer Abschluss Dauer: 15 Minuten	Ausklang mittels Geschichte, Fantasiereise, Spiel o. Ä., die/das im Zusammenhang mit dem Themenkreis „Spuren und Wege" steht (→ Literaturhinweise, Anregungen und Anleitungen in Schmökern/Tipps, S. 62 und im Ideen-Basar/Weg zur Mitte, S. 119, Spiele spielen, S. 116)	Geschichte, Fantasiereise, Spiel o. Ä. nach Wahl samt dazu benötigtem Material

Warum probieren Sie nicht selbst einfach ein Angebot aus? Möchten Sie nicht auch gern Ihren Namen wie die alten Ägypter in Hieroglyphenschrift schreiben oder verworrene Wege in einem Holzlabyrinth konstruieren?

Empfehlung: Wie es Ihren Schülern bei der Bearbeitung eines Angebots ergehen könnte, erfahren Sie am besten, wenn Sie zuvor selbst ein Werkstatt-Angebot allein oder gemeinsam mit einem Partner wahrnehmen.

Bauen

Inhalte

Das Aktivitätsfeld „Bauen" besteht aus zwei Angebotskarten:
Holzlabyrinth bauen → Labyrinth
Gefäßteile zusammenstellen → Archäologie

Ziele

Durch die Betätigungen innerhalb des Aktivitätsfeldes sammeln die Schüler Erfahrungen und Wissen in den Bereichen:

- Herstellung und Gestaltung eines Labyrinths aus Holz und Gummibändern
- Erfahrung im Schleifen, Hämmern und Nageln sowie im Umgang mit Bauanleitungen
- Orientierung im Raum
- Problemlösungen entwickeln und erproben
- Erwerben von archäologischem Grundwissen
- Einblick in die konkrete Arbeitsweise eines Archäologen
- Erfassen von Strukturmerkmalen durch das Zusammensetzen von Einzelteilen zum ursprünglichen Gesamtkörper
- Wertschätzung alter Kulturen und ihrer Überreste, auch im Hinblick auf die Geschichtsforschung
- Umgang mit Werkstoffen und Werkzeugen
- Entwicklung und Erweiterung sozial-emotionaler Kompetenzen (Kommunikations- und Kooperationsfähigkeit fördern, Empathie und prosoziales Verhalten aktivieren, Hilfeleistungen geben und nehmen)

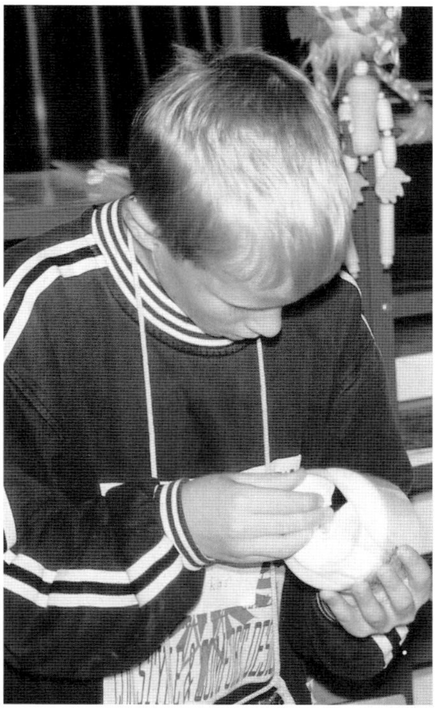

Material		
	vorhanden (Kopiervorlagen)	bereitzustellen
Labyrinth	Angebotskarte Loch-Vorlage „Labyrinth“ (Vorlage auf Karton kopieren und mit Locheisen Löcher schlagen)	Werkbank oder feste Unterlage, Hammer, Zange, Holzbrett (Pressspannholzbrett 17 x 17 x 0,13 cm), feines Sandpapier, mind. 36 Nägel (1,2 x 20) pro Holzbrett, viele Gummis, Murmel, Stift; evtl. Literatur zum Thema sowie Labyrinth-Spiele (→ Tipps)
Archäologie	Angebotskarte „Archäologie-Quiz“ Fragen und Lösungen	größere Blumentöpfe gefüllt mit Erde und/oder Sand, in der/dem zerbrochene Gefäßteile vergraben sind (→ Tipps); kleine Schaufel, dicker Pinsel, Unterlage (z. B. altes Kunststofftischtuch, Abdeckplastik o. Ä.), flüssiger Klebstoff und Tesafilm, Knetmasse als „Kitt“, evtl. Wundpflaster; Literatur (→ Tipps), Papier, Stift; „antikes“ Gefäß (Schatulle, Tonkrug o. Ä.) und Kuvert

Tipps

- Werkstoffe und Werkzeug zum Labyrinth-Bau übersichtlich arrangieren
  Zum Labyrinthbau werden viele verschiedene Materialien benötigt. Für die Schüler stellt es eine große Hilfe dar, wenn Werkstoff und Werkzeug übersichtlich auf einem Tisch angeordnet oder in einer Kiste oder Klappbox gesammelt werden. Wenn Nägel beispielsweise in einem Glas ihren Platz haben und das Sandpapier in einer Schachtel aufbewahrt wird, dann erleichtert das nicht nur das Finden, sondern auch das für Kinder meist lästige Aufräumen.
- Lärmpegel beim Labyrinth-Bauen beachten
  Das Einschlagen der Nägel verursacht einen relativ hohen Arbeitslärm. Es empfiehlt sich, in einen Nebenraum oder am besten in den Werkraum auszuweichen.
- Materialien zum Thema Labyrinth auslegen
  Ergänzend können Bücher, Texte und Rätsel zum selbstständigen Erkunden ausgelegt werden.
  Literaturempfehlungen:
  Favez, F. (Hrsg.): Labyrinthe. Forschen, Spielen, Experimentieren. Buch-Aktiv-Box. Ars-Edition: München 1997.
  Pennick, N.: Das Geheimnis der Labyrinthe. Goldmann-Verlag: München 1992.
  Allen, R.: Rätselhafte Labyrinthe. Denksport für kluge Köpfe. Bassermann-Verlag: Niedernhausen/Ts. 1996.

Labyrinth-Rätsel aus diversen Rätselheften, Zeitungen und Zeitschriften;
Labyrinth-Geschicklichkeits-Spiele verschiedenster Art, z. B. Holzlabyrinth auf zwei beweglichen Ebenen von beluga-Spielwaren, schulen die Geschicklichkeit, Wahrnehmung und Koordinationsfähigkeit, üben eine sowohl motivierende als auch entspannende Wirkung auf die Schüler aus und machen einfach Spaß.
Einer hohen Beliebtheit erfreuen sich auch die Gesellschaftsspiele „Das verrückte Labyrinth" (ab 8 J.) und „Labyrinth der Meister" (ab 10 J.) – beide erschienen im Ravensburger Spieleverlag –, die als Pausenspiele in der Klasse ihren Platz haben können.
Als Anschauungs- und Dekorationsmaterialien wirken Poster und Kalenderblätter diverser Labyrinthe und Irrwege (z. B. Heckenlabyrinth) sehr anregend auf „Labyrinthbauer"!

- Gefäßteile für archäologisches Arbeiten vorbereiten
  Als Bezugsquelle für alte und beschädigte Gefäße (Vasen, Teller, Tassen usw. aus Porzellan, Keramik und Ton) haben sich Geschirrläden bewährt, die für diese Zwecke gern ihre kaputte Ware verschenken. Beim Zerschlagen der Gefäße empfiehlt es sich, diese mit einem Tuch abzudecken – so vermeiden Sie ein Herumfliegen von Kleinteilen im Raum.
  Entfernen Sie ganz spitze Teilchen oder runden Sie diese auf einem harten Untergrund (z. B. Stein) ab, dann sinkt die Verletzungsgefahr und die bereitgestellten Wundpflaster werden überflüssig!
  Vergraben Sie Einzelteile in einem mit Erde und/oder Sand gefüllten Blumentopf. Dabei haben Sie die Wahl: Sie können alle Teile des Gefäßes vergraben; Sie können einige Teile weglassen, sodass die fehlenden Teilchen beim Zusammenstellen des Gefäßes mit Knetmasse „gekittet" werden müssen; oder Sie verstecken auch Teile eines anderen Gefäßes zur Verwirrung in der Erde bzw. im Sand.
- Bücher zur Archäologie ankaufen oder ausleihen
  Zum selbstständigen Aneignen von archäologischem Wissen werden folgende Bücher empfohlen:
  McIntosh, J.: Archäologie. Reihe „Sehen, Staunen, Wissen". Gerstenberg-Verlag: Hildesheim 1995.
  Robbin, I.: Versunkene Städte. Reihe „Was ist was". Band 14. Tessloff-Verlag: Nürnberg 1983. (notwendig für die Lösung des „Archäologie-Quiz")

Schon gewusst?

Ein Labyrinth ist ein Irrgarten. Es besteht aus einem Gewirr von unübersichtlichen Wegen, Gängen und Räumen, die in die Irre leiten.

Du möchtest ein Labyrinth bauen?

1. Holzbrett vorbereiten
Nimm ein Holzbrett und schleife mit Sandpapier die Kanten des Brettes ab. Dann lege die Loch-Vorlage „Labyrinth“ auf das Brett und zeichne die 36 Punkte mit einem Stift auf das Holz.

2. Nägel einschlagen
Schlage die 36 Nägel mit dem Hammer in die 36 Punkte des Holzbrettes. Achte darauf, dass alle Nägel ungefähr die gleiche Höhe haben!

3. Labyrinth spannen
Nun kannst du aus Gummis „die Mauer“ des Labyrinths bauen:
Spanne mehrere Gummis so um die Nägel, dass Wege und Irrwege entstehen und eine Murmel durchgeführt werden kann.

4. Labyrinth testen
Probiere nun dein Labyrinth selbst mit einer Murmel aus. Verändere die Wege, falls du nicht zufrieden damit bist oder du einfach Lust am Austüfteln bekommen hast. Lass es auch einen Mitschüler oder Lehrer versuchen!

Loch-Vorlage „Labyrinth“

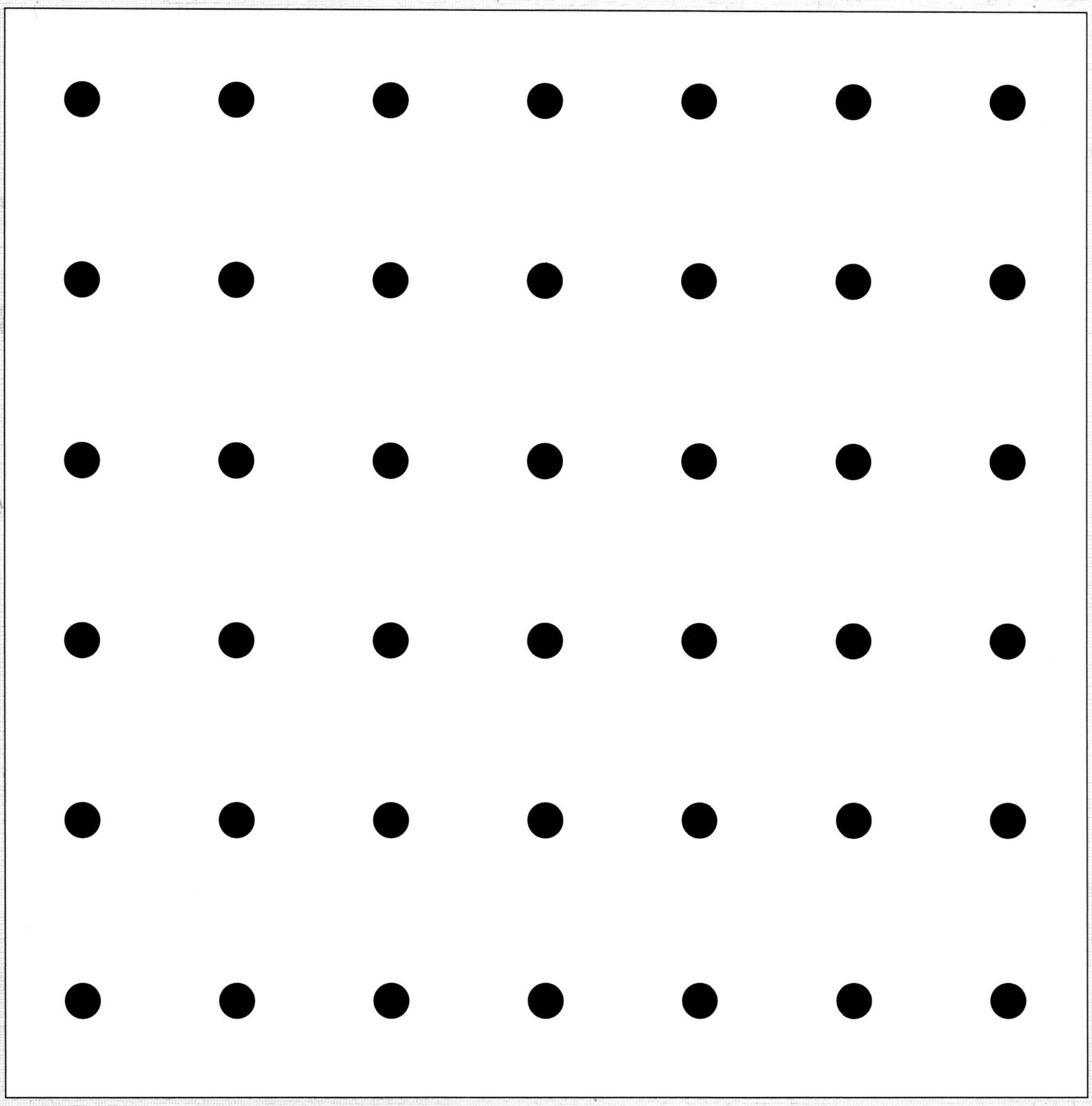

Schon gewusst?

Archäologie heißt auf Deutsch Altertumskunde und ist die Wissenschaft von den sichtbaren Überresten alter Kulturen. Ein Archäologe studiert die Geschichte von Völkern, indem er Bodenfunde wie Töpferwaren, Werkzeuge und Knochen, die er bei seinen Ausgrabungen findet, untersucht. Seine Arbeit gleicht der eines Detektivs, der aus vielen einzelnen Informationen ein Mosaik zusammenbaut, das uns Auskünfte über das Leben alter Kulturen gibt.

Ausgrabungen

Du bist nun ein Archäologe und suchst nach Spuren der Vergangenheit. Siehst du die Blumentöpfe?
In den Töpfen befinden sich Teile alter Gegenstände.

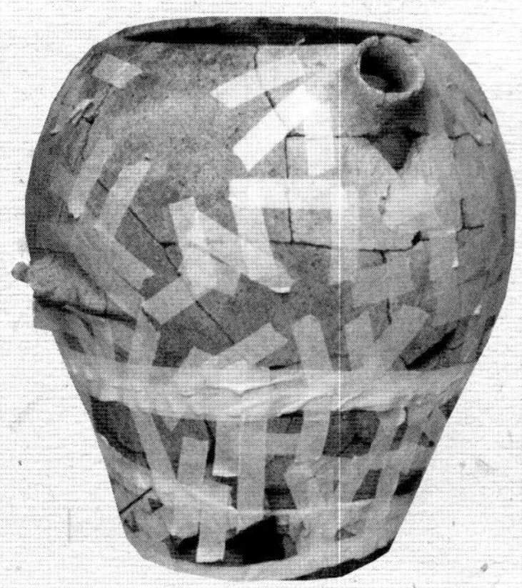

1. Grabe alle Teile mit der Schaufel aus – sei vorsichtig und achte darauf, dass du dich nicht verletzt!
2. Befreie deine Bodenfunde mit dem Pinsel von Erde, Sand und Staub.
3. Klebe die Teile zusammen: zuerst mit flüssigem Klebstoff, dann als Stütze mit Tesafilm.
Fülle die fehlenden Teile mit Knetmasse aus.
4. Lasse alles 15 Minuten trocknen – dann kannst du den Tesafilm entfernen.

Was hast du bei deinen Ausgrabungen gefunden?

Schmökern

In einem Buch über Archäologie kannst du schmökern und anhand von Abbildungen und kurzen Texten viel Interessantes entdecken. Was du dir merken willst, das notiere auf einem Stück Papier.

Archäologie-Quiz

Du brauchst dazu:
1. Gefäß mit der Aufschrift „Archäologie-Quiz" – hier findest du die Fragen
2. Buch „Versunkene Städte" – darin suche nach den Lösungen
3. Papier und Stift – zum Aufschreiben der gefundenen Antworten

Zum Schluss vergleiche deine Antworten mit den Lösungen im Kuvert!

Archäologie-Quiz (Fragen)

Die Fragen ausschneiden (evtl. auf braunes, pergamentartiges Papier kleben) und in ein „antikes" Gefäß (Schatulle, Tonkrug o. Ä.) geben.
Das Gefäß mit der Aufschrift „Archäologie-Quiz" versehen.
(Fragen können beliebig ergänzt und/oder ersetzt werden!)

1. ***Wer war der erste Archäologe?***
2. ***Wer war Heinrich Schliemann? Was entdeckte er?***
3. ***Wann wurden die Hieroglyphen entziffert?***
4. ***Was geschah mit Pompeji und Herculaneum?***
5. ***Wer fand als Erster eine Maya-Stadt?***

Archäologie-Quiz (Lösungen)

Die richtigen Antworten werden je nach Anzahl der Fragen auf eine oder mehrere Karteikarten geklebt oder geschrieben und in ein Kuvert mit der Aufschrift „Lösungen“ gesteckt, das sich – gemeinsam mit dem Fragebogen – im Gefäß „Archäologie-Quiz“ befindet.

1. ***Herodot, ein griechischer Geschichtsschreiber (siehe Buch Seite 14), war der erste Archäologe.***

2. ***Heinrich Schliemann entdeckte als deutscher Archäologe im 19. Jahrhundert Troja (siehe Buch Seite 15).***

3. ***1822 entzifferte der französische Archäologe Jean Francois Champollion die Hieroglyphen (siehe Buch Seite 32).***

4. ***Die zwei römischen Städte wurden durch den Ausbruch des Vulkans „Vesuv“ verschüttet und völlig zerstört (siehe Buch Seite 36).***

5. ***Zwei Amerikaner namens Stephens und Catherwood (siehe Seite 42) fanden als Erste eine Maya-Stadt.***

Drucken

Inhalte

Das Aktivitätsfeld „Drucken" besteht aus fünf Angebotskarten:
Großformat-Stempeldrucke gestalten → Druckbild
Fantasiefiguren mit Geschichten erfinden → Fantasiewerkstatt
Spuren durch Zeichnen/Schreiben hinterlassen → Spurenblatt
Abdrücke der Finger untersuchen → Fingerabdruck
Gegenstände in Gipsplatten drücken → Gipsspuren

Ziele

Durch die Betätigungen innerhalb des Aktivitätsfeldes sammeln die Schüler Erfahrungen und Wissen in den Bereichen:

- Anwendung von Drucktechniken:
  Stempeldruck (Druckbild, Fantasiewerkstatt, Fingerabdruck)
  Monotypie (Spurenblatt)
  Gipsgusstechnik (Gipsspuren)
- Sensibilisierung der visuellen und taktilen Wahrnehmung
- Gestaltung von Motiven und Bildern aus Einzelelementen
- Auseinandersetzung mit Formen, Strukturen und Farbgebungen
- Verfassen von Texten im Zusammenhang mit selbst hergestellten Bildanregungen
- Fantasieaktivierung durch Erfinden von Rätseln und Geschichten
- Spaß im gestaltenden Umgang mit unterschiedlichen Materialien und Gegenständen
- Beobachtungsschulung durch Untersuchen und Vergleichen von eigenen und fremden Fingerabdrücken
- Entwicklung und Erweiterung sozial-emotionaler Kompetenzen (Kommunikations- und Kooperationsfähigkeit fördern, Empathie und prosoziales Verhalten aktivieren, Hilfeleistungen geben und nehmen)

D

Material

	vorhanden	bereitzustellen (Kopiervorlagen)
Druckbild	Angebotskarte	Tisch mit Druckmaterial: Papier im Großformat, Papier DIN A4, Stifte, Pinsel, Druckwalzen und ebenso viele Glasplatten (oder funierte Holzplatten), Druckfarben (wie Tempera, Deck-/ Fingerfarbe), Lappen, große und kleine Druckmaterialien (Reifen, Schuhsohlen, Kork, Kartoffeln, Klopapierrollen, Zwiebeln, Karotten, Blätter, Rinden, Tannenzapfen, Muscheln, Steine, Kordel, Stoffe, Kartonstücke, Wellpappe, Wäscheklammern usw.)
Fantasie-werkstatt	Angebotskarte	Tisch mit Druckmaterial (→ Material Druckbild)
Spurenblatt	Angebotskarte	Tisch mit Druckmaterial (→ Material Druckbild); Kohlepapier
Fingerabdruck	Angebotskarte 5 Karteikarten „Fingerabdruck" (4 Muster, 1 Information)	Stempelkissen, weißes Papier, Schere, Klebstoff, Lupen; Karteikasten mit der Aufschrift „Fingerabdruck", in dem sich die 5 Karteikarten „Fingerabdruck" befinden; leere Karteikarten
Gipsspuren	Angebotskarte	Käseschachteln (Gussform), Zeitungspapier (Unterlage), Vaseline (Trennmittel), Joghurtbecher (Messbecher), Gipspulver, Gummischale und Spachtel; Pattex-Montagekleber und große (Sperr-)Holzplatte zum Aufkleben der Gipsspuren; Farbe zum Bemalen der Abdrücke (loses Farbpigmentpulver aus dem Farbengeschäft) und Pinsel
für alle fünf Angebote wird empfohlen		Malkittel, evtl. Gummihandschuhe, Eimer und Lappen

Tipps

- Tisch mit Druckmaterial übersichtlich gestalten
  Da die Schüler aufgefordert werden, sich selbst – wie an einem Büfett – mit den notwendigen Materialien zum Drucken zu versorgen, empfiehlt es sich, diesen mit Ordnungsbehältern auszustatten: Teller mit Blättern, Rinden und Tannenzapfen, Gläser mit Wäscheklammern, Muscheln und Steinen, Körbe mit Klopapierrollen und Kartonstücken, Kisten mit…
- Eindruck eines Kunst-Handwerkers entstehen lassen
  Wenn die Schüler angehalten werden, sich Malkittel oder -schürze und Gummihandschuhe anzuziehen, dann hat es nicht nur den Vorteil der Sauberhaltung, sondern gleichzeitig den Effekt, sich durch Arbeitskleidung, Eimer, Lappen und Werkzeug als wirkliche Handwerker im gestalterischen und tätig-arbeitenden Sinn zu verstehen.
- Arbeitsplätze günstig auswählen
  Zum großflächigen Drucken des Druckbildes in Einzel- oder Partnerarbeit sowie zur Herstellung der Gipsspuren wird viel Platz (am Boden im Klassenzimmer, am Gang, im Schulhof; auf Gruppentischen im Klassenzimmer, im Werkraum usw.) benötigt.
  Beim Drucken mit Druckfarben kommt es zumeist zu einem erhöhten Wasserbedarf, da das Werkzeug sowie die räumliche Umgebung nach Beendigung der Arbeit gründlich gereinigt werden muss. Des Weiteren sollte den Schülern für das Angebot Fantasiewerkstatt Raum zum ungestörten „Träumen" und Aufschreiben angeboten werden, beispielsweise in der Leseecke, auf dem Gang usw.
- Verschmutzungsgefahr durch Gips beachten
  Für das Angebot Gipsspuren empfiehlt es sich, einen Standort in Waschbeckennähe auszuwählen, Malkittel anziehen zu lassen sowie Tische und Boden mit Zeitungspapier, Plastikfolien o. Ä. auszulegen.

Bild frei gestalten

Auf einem Tisch findest du alles, was du zum Drucken brauchst: Papier, Farben, Pinsel, Glasplatten und Walzen sowie eine Menge unterschiedlicher Druckmaterialien (Reifen, Schuhsohlen, Klopapierrollen, Kartoffeln, Kork, ...).
Damit kannst du nun allein, aber auch gemeinsam mit Mitschülern ein großes Bild frei gestalten:
Nimm dir einfach selbst Papier, Farben und Materialien. Überlege, wie du die Materialien mit Farbe versehen kannst, um sie dann auf das Papier abdrucken zu können.

Tipp dazu:
Etwas Farbe auf eine Glas- oder Holzplatte geben. Die Farbe mit einer Walze vorsichtig glatt streichen, das gewünschte Material damit einwalzen und auf das Papier stempeln.

Was kannst du noch abdrucken?

Finde noch andere Materialien zum Drucken! Denke dabei auch an deinen Körper: Was eignet sich besonders gut zum Abdrucken?

Rätsel

Wenn du ein Rätsel aus deinem Bild machen willst, dann liste die abgedruckten Materialien auf einem Papier oder auf der Bildrückseite auf und lasse deine Mitschüler raten.

Viel Vergnügen!

Fantasiebild drucken

Zum Drucken und Schreiben findest du auf einem Tisch Papier, Stifte, Farben, Pinsel und eine Menge kleiner Druckmaterialien (Kartoffeln, Zwiebeln, Karotten, Kork, Wäscheklammern, Muscheln, ...) vorbereitet.

Erfinde ein lustiges Fantasietier oder eine wunderschöne Fantasieblume und drucke diese mit den zur Verfügung stehenden Mitteln auf ein Blatt Papier.

Fertig? Dann suche dir einen ruhigen Platz, an dem du ungestört „träumen“ kannst und betrachte dein Bild genau:
Was hast du gedruckt? Willst du dem Dargestellten einen Namen geben? Was erlebt dein Tier, wo befindet sich die Blume?
Schreibe deine Geschichte oder dein Gedicht auf ein Blatt Papier.

Fantasiebild gestalten

Finde eine Möglichkeit, wie du das Bild zusammen mit dem Text in eine schöne Gestaltungsform bringen kannst. Mache zum Beispiel ein Plakat daraus oder...

Spuren hinterlassen

Zum Drucken findest du auf einem Tisch verschiedene Materialien.
Wenn du ein Blatt gestalten möchtest, auf dem du deine eigenen Spuren hinterlassen kannst, dann brauchst du:

- Glasplatte
- Druckfarbe (dickflüssig)
- Walze
- Papier in etwa der Größe der Glasplatte
- Stift (stumpf) oder Pinselstiel

So kannst du deine eigenen Spuren hinterlassen:

- Walze die Glasplatte gleichmäßig mit der dicken Farbe ein.
- Lege vorsichtig das Papier darüber.
- Zeichne, schreibe, ...mit der ungespitzten Seite eines Stiftes und/oder Pinselstiel was immer du willst auf das Papier – es sind deine Spuren, die du hinterlassen kannst!
- Bist du fertig, dann hebe das Papier langsam von der Glasplatte ab und betrachte deine Spuren auf der Hinterseite: Was ist passiert?

Mit Kohlepapier drucken

Dieselbe Technik kannst du auch ganz einfach mit Kohlepapier anwenden: Lege das Kohlepapier mit der Farbseite nach oben auf eine harte Unterlage, lege ein Blatt Papier darüber und zeichne, schreibe, ...mit einem Stift oder Pinselstiel darauf.

Dein Fingerabdruck

Drücke eine deiner Fingerspitzen auf ein Stempelkissen.
Rolle dann deinen Finger auf einem weißen Papier vorsichtig ab.
Wiederhole den Vorgang mit anderen Fingern.
Schneide dann den Fingerabdruck aus, der am besten gelungen ist, und klebe ihn auf eine leere Karteikarte. Schreibe deinen Namen dazu.

Betrachte den Fingerabdruck genau unter der Lupe.
Vergleiche ihn mit den vier Muster-Fingerabdrücken, die du im Karteikasten „Fingerabdrücke" findest:
- Welcher dieser Abdrücke schaut deinem am ähnlichsten?
- Kannst du bei dir besondere Kennzeichen wie Schnitte oder Narben finden?

Gestalte für den Karteikasten eine Karteikarte von dir – du kannst deiner Fantasie freien Lauf lassen!
Befinden sich im Karteikasten bereits Fingerabdrücke anderer Kinder, dann kannst du sie mit deinem vergleichen:
Findest du zwei Abdrücke, die ganz genau gleich sind?
Lies dazu die Karteikarte „Information" und du wirst Erstaunliches erfahren!

Figuren gestalten

Aus Fingerabdrücken können lustige Figuren werden:
Drücke einen oder mehrere Fingerspitzen ab und zeichne mit bunten Stiften dazu, was der Blume, der Maus, …noch fehlt.
Gestalte so ein Bild oder ein Briefpapier oder hast du eine andere Idee?

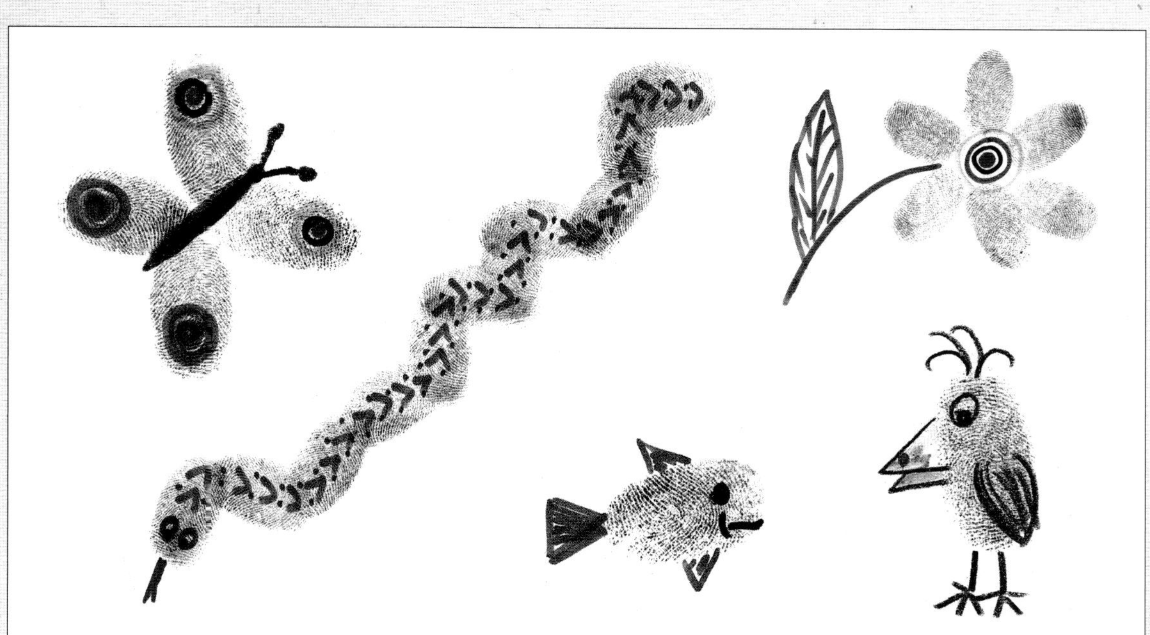

Bogen-Muster

Dieses Muster wird Bogen genannt, weil die Form in der Mitte (siehe Pfeil) wie ein Bogen aussieht. Die Stege, das sind die leichten Erhebungen der Haut, sind ebenso bogenartig geformt.

Fingerabdruck D

Wirbel-Muster

Dieses Muster wird Wirbel genannt, weil sich im mittleren Bereich (siehe Pfeil) ein Wirbel befindet. Der Wirbel ist entweder kreisrund oder langgezogen geformt. Er trifft immer auf zwei Deltas (siehe Pfeile), eins auf jeder Seite.

Mischform-Muster

Neben den Reinformen gibt es viele Mischformen. Eine der häufigsten ist die Doppel-Schleife (siehe Pfeile), die auf zwei Deltas (siehe Pfeile) trifft.

Schleifen-Muster

Die Hauptlinie der Schleife sieht aus wie eine leicht gebogene Haarnadel (siehe Pfeil). Neben der Schleife kann man immer die Delta-Form (siehe Pfeil) entdecken. Die Stege wiederholen sich dabei so lange, bis sie auf ein Delta treffen.

Information

Ein Fingerabdruck gehört zu den wichtigsten Hinweisen, die ein Dieb am Tatort hinterlassen kann. Warum?
Erstens ist jeder Fingerabdruck einzigartig:
Die winzigen Erhebungen – die Stege – auf der Haut der Fingerspitze ergeben ein Muster, das sich von jedem anderen Menschen auf der Welt unterscheidet.
Sogar Zwillinge, die scheinbar völlig gleich aussehen, haben unterschiedliche Fingerabdrücke.
Zweitens verändern sich Fingerabdrücke nie:
Egal wie alt jemand ist, die Fingerabdrücke beweisen ohne jeden Zweifel, wer man ist.
Es gibt Verbrecher, die versucht haben, die Haut ihrer Fingerspitzen zu verbrennen, um nicht als Täter eindeutig überführt werden zu können.
Aber es hilft alles nichts, denn sobald die Haut nachwächst, kommt der einmalige Fingerabdruck wieder zum Vorschein.

Gipsspuren hinterlassen

1. Gegenstand suchen und vorbereiten
Nimm eine Käseschachtel und mache dich auf die Suche nach einem interessanten, geheimnisvollen Gegenstand, der in die Schachtel passt und von dem du gerne einen Gipsabdruck (= Gipsspur) anfertigen möchtest.
Beachte: Der Gegenstand muss eine feste Beschaffenheit haben (wie Gabel, Walnuss, Muschel, ...), damit er sich später wieder aus der harten Gipsplatte entfernen lässt.
Lege Zeitungspapier als Unterlage auf den Tisch.
Damit sich der von dir ausgewählte Gegenstand, den du später in Gips drückst, dort auch wieder herausheben lässt, musst du ihn vorerst dick mit Vaseline eincremen.

2. Gips anrühren
Gib 1 Joghurtbecher, gefüllt mit Gipspulver, und $^1/_2$ Joghurtbecher, gefüllt mit Wasser, in die Gummischale. Mit einem Spachtel vermische Gips und Wasser so gut miteinander, dass eine Masse entsteht, die sich wie Joghurt umrühren lässt.

3. Gegenstand abdrücken
Fülle die angerührte Gipsmasse in die Käseschachtel.
Rüttle die Käseschachtel vorsichtig hin und her – du entfernst damit Luftblasen und erhältst gleichzeitig eine schöne, glatte Oberfläche!
Drücke nun den vorbereiteten Gegenstand vorsichtig in die Gipsfläche.
Warte 30 Minuten!

4. Gipsspur fertig stellen
Wenn der Gips hart geworden ist, dann kannst du den Gegenstand vorsichtig aus der Gipsplatte herausheben.
Entferne zuletzt die Käseschachtel, indem du die Pappe einfach aufbrichst.

Spurengalerie

Wie wäre es, wenn die ganze Klasse mit den Gipsspuren, die entstanden sind, eine Ausstellung – eine Spurengalerie – gestalten würde?
Tipp: Ihr könnt die Ausstellungsbesucher anregen, die Spuren zu erraten und zur Kontrolle Lösungskärtchen bereitstellen!

Gipsspurenbild

Oder ihr klebt die Gipsabdrucke mit Pattex-Kleber auf eine Holzplatte und gestaltet somit ein Gipsspurenbild.
Tipp: Du kannst die Spuren durch Bemalen mit Farbe bunt gestalten!

Forschen

Inhalte

Das Aktivitätsfeld „Forschen“ besteht aus drei Angebotskarten:
Tiere in Hinblick auf ihre Spuren erkunden → Tierspuren
Schrift der alten Ägypter erforschen → Hieroglyphen
Lebensläufe unter die Lupe nehmen → Lebensspuren

Ziele

Durch die Betätigung innerhalb des Aktivitätsfeldes sammeln die Schüler Erfahrungen und Wissen in den Bereichen:

- Erkundung von Spuren, die Tiere und Menschen hinterlassen
- Umgang mit Literatur als Informationsquelle selbstständigen Arbeitens
- Anfertigung von Forschungsdokumentationen in Form von Karteikarten und Zeitleisten
- Differenzierung der visuellen Wahrnehmung von Details, hier in Form von Tierfußabdrücken und Hieroglyphenzeichen
- Aneignung von Wissen über Art, Herkunft und Verhaltensweisen verschiedener Tiere, insbesondere von Dachs, Eichhörnchen, Kolkrabe, Rothirsch und Hase
- Auseinandersetzung mit Herkunft und Gebrauch der Hieroglyphen als Schriftzeichen der alten ägyptischen Kultur
- Konstruktion eigener Wörter in Hieroglyphenschrift durch genaues Zeichnen der einzelnen Bildzeichen bzw. Zusammenfügen der Schriftzeichen
- Steigerung der Erinnerungsfähigkeit in Bezug auf Kindheit und Schulzeit
- Austausch von Lebensdaten, Erlebnissen, Vorlieben usw.
- Kreation eigener Ideen zur Gestaltung eines Lebenslaufes
- Entwicklung und Erweiterung sozial-emotionaler Kompetenzen (Kommunikations- und Kooperationsfähigkeit fördern, Empathie und prosoziales Verhalten aktivieren, Hilfeleistungen geben und nehmen

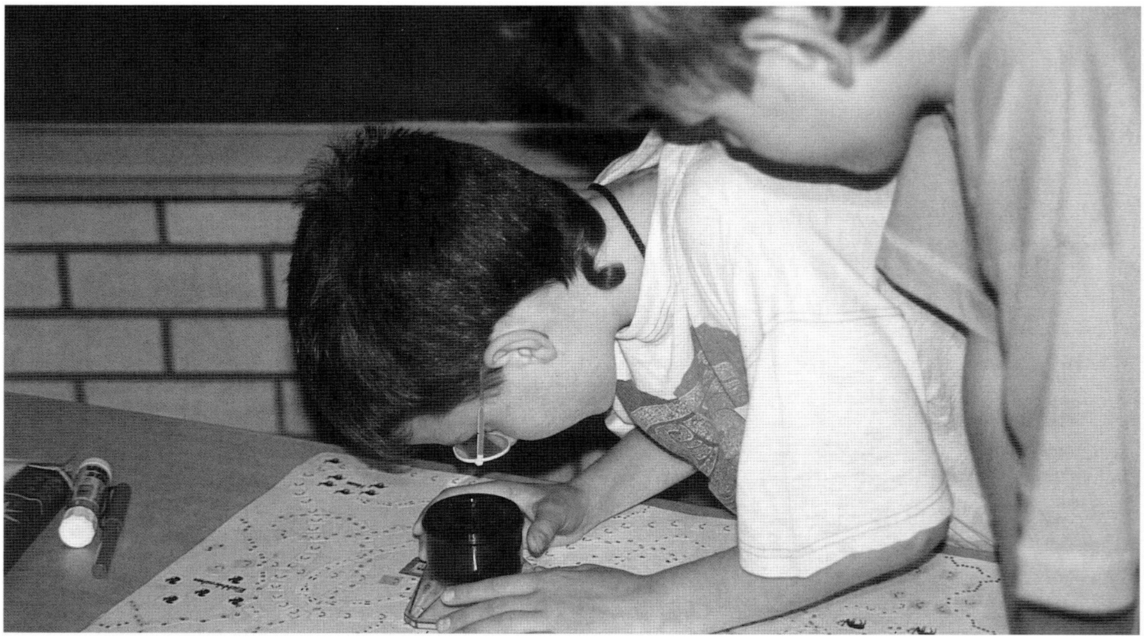

Material

	vorhanden (Kopiervorlagen)	bereitzustellen
Tierspuren	Angebotskarte Spielplan „Tieren auf der Spur“ „Spurensicherung“ Blatt 1, Blatt 2 und Lösungsblatt	Lupe, Bücherauswahl zum Themenbereich „Tiere – Tierspuren“ (→ Tipps), leere Karteikarten, Karteikasten, Schere, Klebstoff, Stifte
Hieroglyphen	Angebotskarte Hieroglyphen-Tabelle Papyrus-Rolle „Namens-Kartusche“ (Informationsblatt) „Kartusche“ (Blatt zum Beschreiben) Hieroglyphen-Spiel	Korb (Behälter im Alten Ägypten) gefüllt mit Materialien zum selbstständigen Erforschen der Hieroglyphen: Hieroglyphen-Tabelle (mehrmals kopieren und mit Folie überziehen), „Papyrus-Rolle“ (eingerollt), Informationsblatt „Namens-Kartusche“ (laminiert), kopierte Blätter „Kartusche“, schwarze und rote Stifte, Hieroglyphen-Spiel (nach Beschreibung herstellen); diverse Literatur zum Thema (→Tipps); Stifte und Papier
Lebensspuren	Angebotskarte Fragenkatalog „Lebensspuren“	Papier (DIN A3, besser noch größeres Format), Stifte, evtl. Schere und Klebstoff

Tipps

– Bücherauswahl zum Thema „Tiere – Tierspuren“ zusammenstellen
  Wie wissenschaftliche Forscher sollen die Schüler eigenständig anhand von Sachbüchern und Lexika Informationen im Zusammenhang mit Tierspuren zusammentragen und ihre Nachforschungen festhalten.
  Stellen Sie deshalb eine Auswahl Ihnen für geeignet erscheinende Bücher zusammen. Informationen über die fünf Tierarten (Kolkrabe/Rabe, Dachs, Rothirsch/Hirsch, Eichhörnchen, Hase) sollten darin unbedingt enthalten sein.
  Literaturempfehlungen:
  Beaumont, E.: Tiere in Feld und Wiese. Sonderausgabe Buch und Zeit Verlag: 1992.
  Beaumont, E.: Waldtiere. Sonderausgabe Buch und Zeit Verlag: 1992.
  Bouchner, M.: Der Spurenführer. Spuren und Fährten einheimischer Tiere. Gondrom-Verlag: Bindlach 1996.

Brandt, K., Behnke, H.: Fährten- und Spurenkunde. Parey-Verlag: Hamburg 1995.
Brown, R.: Federn, Spuren & Zeichen. Aula-Verlag: Wiesbaden 1993.
Dröscher, V. B.: Tierwanderungen. Reihe „Was ist was", Band 77, Tessloff-Verlag: Nürnberg 1985.
Favez, F. (Hrsg.): Tierspuren. Forschen, Spielen, Experimentieren. Buch-Aktiv-Box. Ars-Edition: München 1996.
Haag, H.: Krabbeltieren auf der Spur. Das Buch zur Lupendose. Coppenrath-Verlag: Münster 1999.
Kelle, A., Sturm, H.: Tiere leicht bestimmt. Dümmler-Verlag: Bonn 1984.
Witt, R.: Tierspuren. Beobachtungen durch das Jahr. Orbis-Verlag: München 1996.
Tierlexika aller Art, sehr empfehlenswert:
Ravensburger Tierlexikon von A – Z. Ravensburger-Verlag: Tübingen 1993.
Lexika aller Art, sehr gut:
Der Kinder bzw. Jugend Brockhaus. Brockhaus-Verlag: Mannheim 1997 bzw. 1996.

- Literatur zum Themenkreis „Hieroglyphen-Ägypten" beifügen
  Im Korb, in dem sich die diversen Materialien zum Erforschen der Hieroglyphenschrift befinden, sollen darüber hinaus Bücher und Texte zur selbstständigen Informationsrecherche anregen.
  Allerdings finden sich in der Literatur Variationen innerhalb der Hieroglyphen, ihrer Bildbedeutungen sowie Aussprachen. Um Verwirrungen vorzubeugen, sollen die Schüler über diese Unstimmigkeiten in Kenntnis gesetzt werden und es empfiehlt sich, ihnen gleichzeitig anzuraten, sich an der kopierten Vorgabe „Hieroglyphen-Tabelle" zu orientieren.
  Literaturempfehlungen:
  Courtalon, C. u. a.: Ägypten zur Zeit der Pharaonen. Reihe „Die Welt entdecken", Ravensburger-Verlag: Ravensburg 1995.
  Delafosse, C. u. a.: Das ägyptische Grab. Meyers kleine Kinderbibliothek, Meyers-Lexikonverlag: Mannheim 1999.
  Elding, S. u. a.: Das alte Ägypten. Arbeitsblätter Geschichte. Verlag an der Ruhr: Mülheim an der Ruhr 1996.
  Millard, A.: Die Ägypter. Große Völker der Vergangenheit. Verlag Rudolf Fischl: Wien 1976.
  Paß, S.: Hieroglyphenschrift. In: Kunst+Unterricht 145/1990, Friedrich-Verlag: Seelze, S. 36 ff.
  Reichardt, H.: Das Alte Ägypten. Reihe „Was ist was", Band 70, Tessloff-Verlag: Nürnberg 1981.
  Reichardt, H.: Pyramiden. Reihe „Was ist was", Band 61, Tessloff-Verlag: Nürnberg 1978.
  Roehring, C.: Spaß mit Hieroglyphen. Hieroglyphenführer, Gummistempel, Stempelkissen. Tessloff-Verlag: Nürnberg 1991.
  Schütte, S.: Die Geschichte vom Pharao, der die Kamele seines Landes zählen lassen wollte. In: Die Grundschulzeitschrift 102/1997, Friedrich-Verlag: Seelze, S. 8 (32) ff.
  diverse Lexika, Kinderbücher…
- Hieroglyphen-Vorlage bei Bedarf anbieten
  Bei vorhersehbaren oder auftretenden Schwierigkeiten beim eigenhändigen Zeichnen der einzelnen Hieroglyphen können Sie den Schülern die Hieroglyphen als kopiertes Blatt, von dem sie die entsprechenden Hieroglyphen ausschneiden und zu einem Wort/Namen oder Satz zusammenkleben können, anbieten.
  Herstellung der Kopiervorlage: Die Hieroglyphen-Tabelle mehrmals kopieren – die einzelnen Hieroglyphenzeichen (ohne Bildbedeutung und Aussprache) ausschneiden und hintereinander auf ein Blatt kleben, welches vervielfältigt wird.
- Bedingungen für die Erinnerungsarbeit „Lebensspuren" schaffen
  Das Angebot „Lebensspuren" erfordert eine ungestörte Auseinandersetzungsmöglichkeit mit sich und seinem bisherigen Leben sowie mit dem des Interviewpartners. Außerdem wird viel

Raum zum großflächigen Gestalten einer Zeitleiste benötigt. Der Gang vor der Klasse bietet hierfür beispielsweise gute Bedingungen.
Zur Dekoration der Lernumgebung und als Anregung können alte bzw. antike Spielsachen, Zeugnisse und Bücher, Kinder- und Familienfotos, ... dienen.
Literaturempfehlung:
Kindheitsdinge. Themenheft der Grundschulzeitschrift 116/1998. Friedrich-Verlag: Seelze.

Den Tieren auf der Spur

Als Forscher kannst du mit einem Spiel den Tieren auf der Spur sein:

1. Leg dir dazu den großen Spielplan zurecht und nimm die Lupe.
2. Suche als Startpunkt einen eingerahmten Fußabdruck und folge den Spuren solange, bis du das dazugehörige Tier findest.
3. Welche Fußabdrücke gehören zu welchen Tieren? Merke dir ihre Namen!

Viel Spaß als Spurenforscher!

Ein Forscher möchte seine Forschungserkenntnisse festhalten und vertiefen. Du hast verschiedene Möglichkeiten:

Schreibe, zeichne, skizziere, ... deine Forschungsergebnisse auf. Du kannst eigene Ideen entwickeln, wie du deine Nachforschungen festhalten möchtest.

Gestalte das Blatt „Spurensicherung“. Die nötigen Informationen dazu findest du auf Blatt 1 und Blatt 2.

Lege eine Forschungskartei an. Hole aus den bereitgestellten Büchern Informationen zu:
- den gesuchten Tieren (Name, Aussehen, Lebensraum, ...)
- anderen Spuren, die Tiere hinterlassen können (Fraßspuren, ...)
- allen interessanten Entdeckungen, auf die du im Rahmen deiner Nachforschungen stößt

Halte deine Ergebnisse und Erkenntnisse auf Karteikarten fest.

Forschungskartei

Ihr könnt alle hergestellten Forschungskarteikarten in einem großen Tierspuren-Karteikasten sammeln, den ihr in der Klasse aufstellt und im Laufe des Jahres erweitert.

Eine Wiese unter der Lupe

Nimm doch mal eine Wiese unter die Lupe!
Wenn du einmal Gelegenheit hast, dann leg dich flach auf eine Wiese und schau sie dir – am besten mit einer Lupe – aus diesem Blickwinkel genauer an. Du wirst erstaunt sein, was du hier alles entdeckst!

Spurensicherung (Blatt 1)

Mein Name: ____________________

Ordne die Spuren und Tiere den Fußabdrücken zu:
Schneide die Spuren und Tiere vom Blatt 2 aus und klebe sie zum passenden Fußabdruck.
Dann schreibe die Namen der Tiere unter die jeweiligen Spuren. Wenn du Schwierigkeiten dabei hast, dann schau auf den Spielplan!

Fußabdruck	**Spuren**	**Tier**

Spurensicherung (Blatt 2)

Spurensicherung (Lösungen)

Hier kannst du vergleichen!

Fußabdruck	Spuren	Tier
	 *KOLKRABE*	
	 *DACHS*	
	 *ROTHIRSCH*	
	 *EICHHÖRNCHEN*	
	 *HASE*	

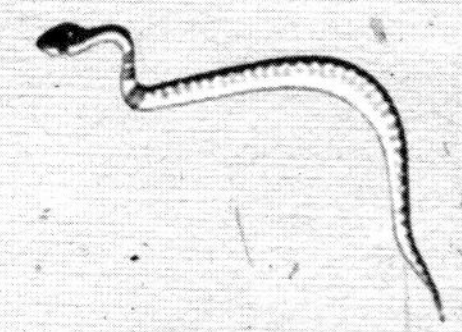

Schon gewusst?

Die Bilderschriftzeichen der alten Ägypter heißen Hieroglyphen.
Die ersten Hieroglyphen wurden vor 5000 Jahren in Stein gemeißelt. Sie konnten sowohl einzelne Buchstaben sein als auch ganze Erzählungen darstellen. Im Laufe der Zeit ging die Bedeutung der Hieroglyphen verloren, aber vor fast 200 Jahren konnten sie von einem Franzosen namens Jean Francois Champollion wieder entschlüsselt werden.
Kennst du das? Als Scherz bezeichnet man heute eine unleserliche Handschrift auch als „Hieroglyphen".

Hieroglyphenforscher

Du möchtest dem Geheimnis der alten Hieroglyphen-Schrift selber auf die Spur kommen?
In einem Korb findest du verschiedene Materialien, mit deren Hilfe du selbstständig die Hieroglyphen, deren Herkunft und Gebrauch, erforschen kannst.
Viel Spaß als Hieroglyphenforscher!

Nachforschungen festhalten

Schreibe, zeichne, skizziere, ...deine Ergebnisse auf. Du kannst eigene Ideen entwickeln, wie du deine Nachforschungen festhalten möchtest, z. B. als Plakat oder als Informationsheft.

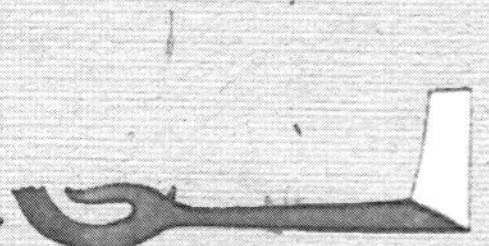

Hieroglyphenspiel

Schreibe selbst kurze Botschaften in Hieroglyphenschrift und lasse sie von einem anderen lesen. Gib ihm als Hilfe die Hieroglyphen-Tabelle zum Entziffern!

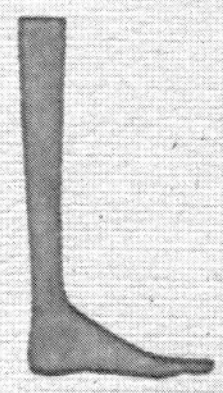

Hieroglyphen-Tabelle

Ägyptisches Alphabet

Hieroglyphe	*Bildbedeutung*	*Aussprache*	*Hieroglyphe*	*Bildbedeutung*	*Aussprache*
	Geier	a (kurz)		Strick	ch (wie in 'ach')
	Schilfblatt	i oder j	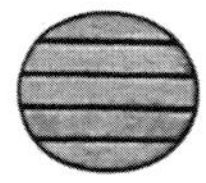	Bedeutung unbekannt	ch (wie in 'ich')
	zwei Schilfblätter	i, y		Türriegel	s (wie Sonne)
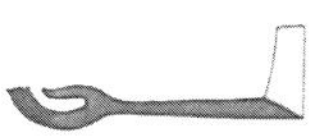	Unterarm	a (kurz)	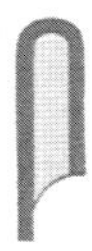	gefalteter Stoff	s (wie Maus)
	Wachtel	w oder u		Teich	sch
	Bein	b		Sandböschung	k
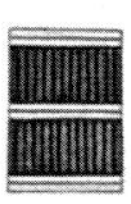	Hocker	p		Korb	k
	Viper	f		Krugständer	g
	Eule	m		Brotlaib	t
	Wasser	n		Seil	tj (wie in Katja)
	Mund	r		Hand	d
	Hof	h		Kobra	dj (wie in Jeans)

Wichtig: Für die fehlenden Buchstaben müssen von dir Zeichen erfunden werden!

aus: Kunst und Unterricht, 145/90. Friedrich Verlag: Seelze 1990.

Papyrus-Rolle

Schon gewusst?

Papyrus ist eine Wasserpflanze, die im Alten Ägypten zur Herstellung von Papyrus-Papier verwendet wurde: Der Pflanzenhalm wurde in Streifen geschnitten, die Streifen lagenweise kreuz und quer gelegt und zum Schluss glatt gewalzt. Das „Papier“, das Schreiber mit schwarzer und roter Farbpaste beschrieben, wurde zum Aufbewahren zusammengerollt (= Papyrusrolle).

Hieroglyphen-Quiz

Versuche mithilfe der Hieroglyphen-Tabelle „Ägyptisches Alphabet“ diesen Satz zu entziffern.
(Die Auflösung findest du auf der Rückseite!)

Hieroglyphen-Quiz (Lösung)

DIE AEGYPTER WOHNTEN AM UFER DES NILS.

Namens-Kartusche

Schon gewusst?

Eine Kartusche besteht aus einem ovalen Rahmen in Form einer Schnur, die als magischer Schutzring doppelt gelegt wurde. Im Alten Ägypten wurden die Namen der Pharaonen (= Könige) in eine Kartusche geschrieben.

In eine Kartusche schreiben

Möchtest du deinen eigenen Namen in eine Kartusche schreiben?
Alles was du dazu brauchst, findest du im Korb:

- ein kopiertes Blatt „Kartusche“
- eine Hieroglyphen-Tabelle
- einen schwarzen oder einen roten Stift

Wichtiger Hinweis:
Die dargestellte Kartuschen zeigt den Namen Birgit in drei verschiedenen Schreibweisen. Die Ägypter haben die Hieroglyphen sowohl von oben nach unten als auch von links nach rechts geschrieben. Manchmal wurden auch zwei Symbole direkt übereinander geschrieben. Schreibe deinen Namen so, wie er dir am besten gefällt.

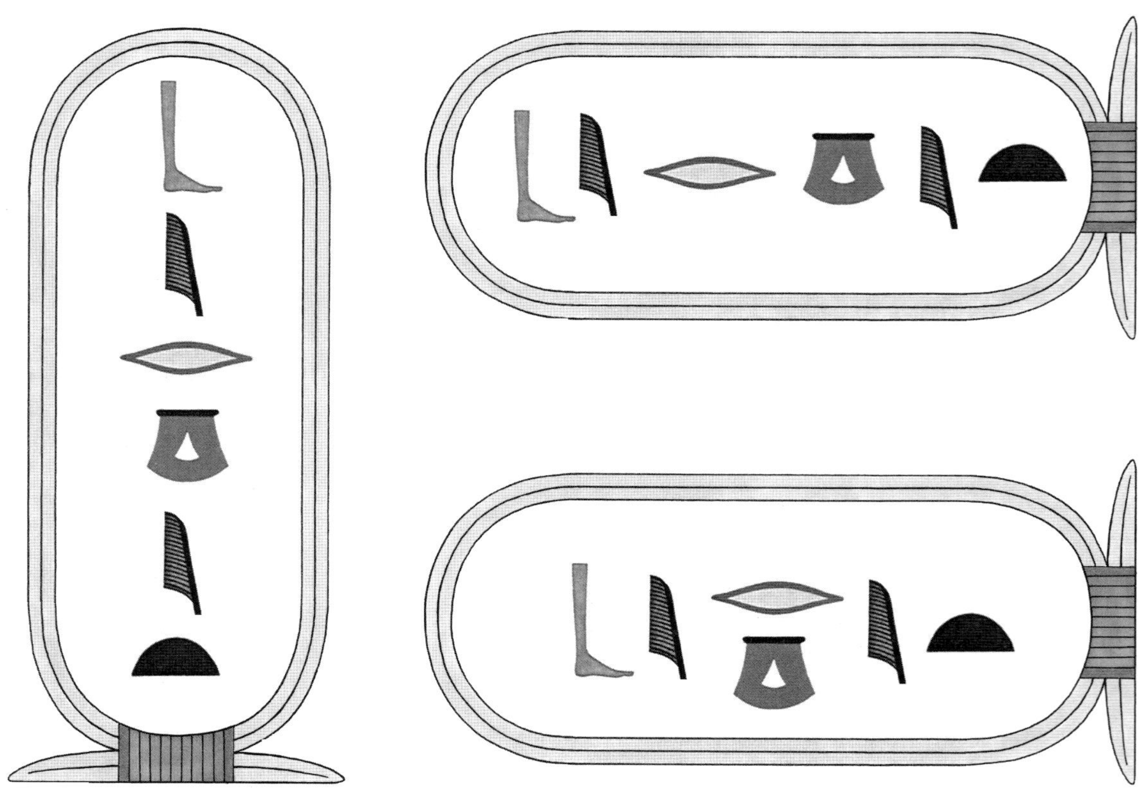

Kartusche

Hieroglyphen-Spiel

1. Die 6 Wort- und 6 Hieroglyphenkärtchen ausschneiden.
2. Die 12 Kärtchen auf stärkere Kartonkarten kleben.
3. Die jeweiligen Paare auf der Rückseite mit gleichen Symbolen, z. B. Farbtupfen, versehen (Selbstkontrolle!).
4. Die Kärtchen mit Folie überziehen.
5. Die Kärtchen in einer Dose oder Schachtel mit folgender Aufschrift aufbewahren:

Hieroglyphen-Spiel

Anleitung:
Suche die richtigen Paare zusammen:
Ordne die Wortkarten den entsprechenden Hieroglyphenkarten zu.
Als Hilfe verwende die Hieroglyphen-Tabelle.
Hast du alle Paare gefunden, dann drehe die Karten um:
Sind die Zeichen gleich, so hast du die passenden Paare zugeordnet.

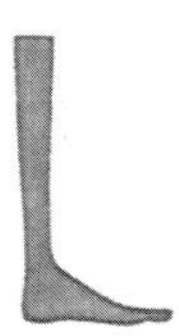

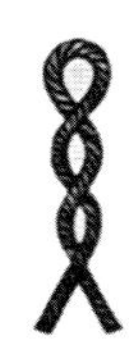

Hast du Lust, dann erfinde selbst ein Wort-Hieroglyphen-Paar!

HUND

BAUM

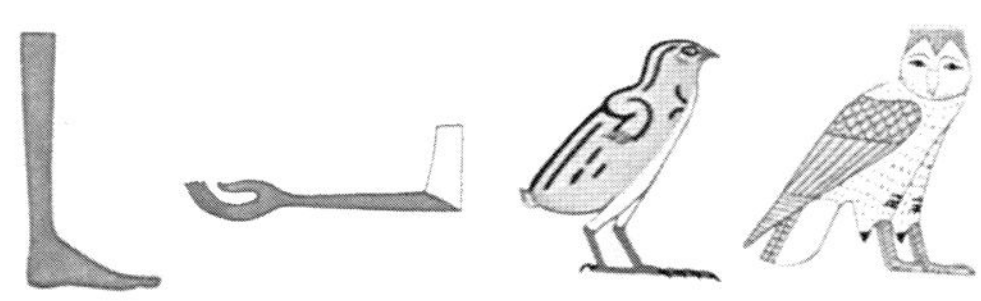

DACH

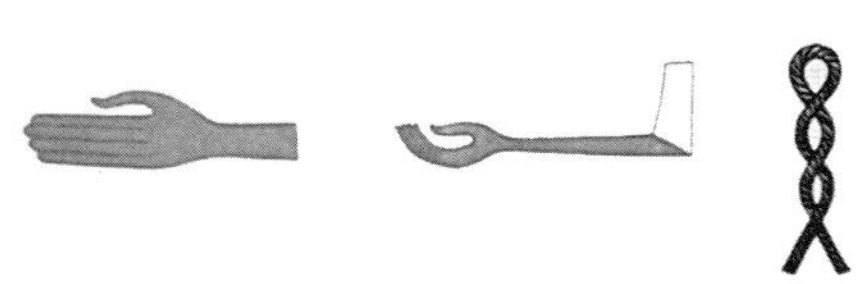

KRUG

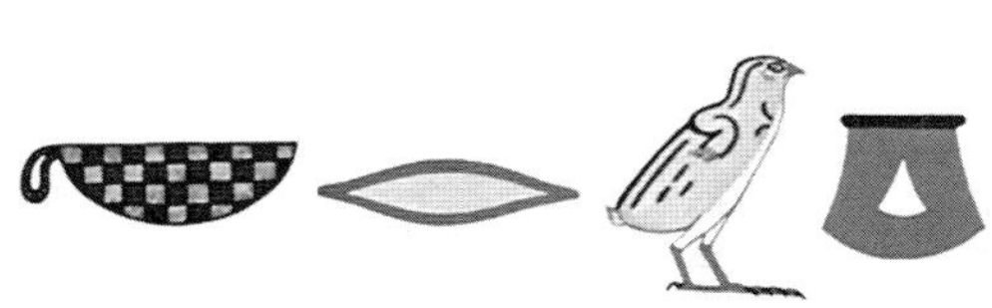

WIND

FISCH

Zeitleiste gestalten

Willst du eine Zeitleiste voll mit Spuren aus deinem eigenen Leben gestalten, dann brauchst du:

- ein großes Zeichenpapier,
- Stifte aller Art,
- einen guten Freund (du kannst es aber auch alleine machen) und
- etwas Ruhe zum Nachdenken.

Und so kannst du dich auf die Suche nach deinen „Lebensspuren" machen:
Zieh dich mit einem Mitschüler auf ein ruhiges Plätzchen zurück.
Interviewt euch gegenseitig über euer Leben.
Der Fragenkatalog „Lebensspuren" kann euch dabei eine Hilfe sein!

Hast du genügend Informationen gesammelt, dann gestalte deine eigene Zeitleiste auf einem großen Blatt Papier:
Du bist ganz frei und sollst dein Leben nach deinen eigenen Ideen darstellen!

Tipp: Du kannst mit einem langen Pfeil beginnen (siehe Abbildung): Der Anfangspunkt ist deine Geburt, das Pfeilende der heutige Tag und wie es weitergeht, das können deine Zukunftspläne sein.
Halte alle wichtigen Ereignisse, Daten, Gegenstände, …aus deinem Leben auf dem Papier fest. Du kannst etwas zeichnen, schreiben, aufkleben, …

Brauchst du noch genauere Auskünfte über dein bisheriges Leben, dann frage deine Eltern, Großeltern, Geschwister, …
Ergänze deine Zeitleiste zu Hause, vielleicht mit Kinderfotos, Geschichten aus deiner Kindheit, Kopien von Zeugnissen oder Urkunden, …

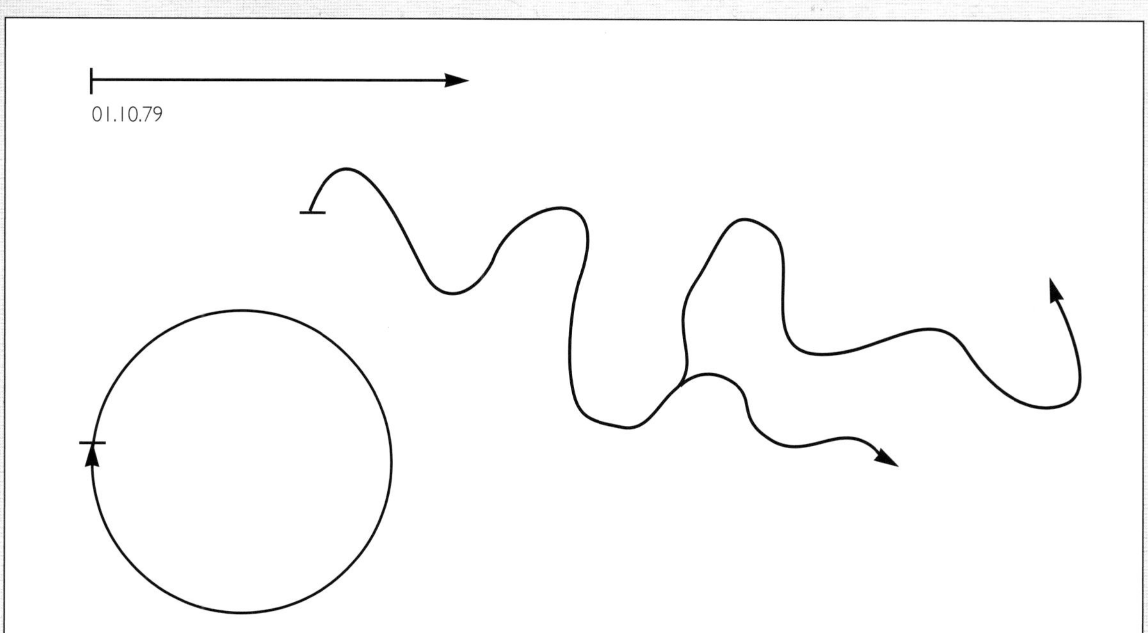

Fragenkatalog „Lebensspuren“

Wann bist du geboren?
Bist du in den Kindergarten gegangen?
Kannst du dich noch an deinen ersten Schultag erinnern?
Welche Menschen sind für dich besonders wichtig?
Hast du Geschwister? Wann sind diese geboren?
Was war früher dein Lieblingsspielzeug?
Womit beschäftigst du dich heute am liebsten?
Hast du Hobbys?
An welche Ereignisse in deinem Leben kannst du dich besonders gut erinnern?
Vielleicht an einen bestimmten Tag, an einen Urlaub, an eine Krankheit, ...?

Schmökern

Inhalte

Das Aktivitätsfeld „Schmökern“ besteht aus einer Angebotskarte:
Literatur zum Thema „Spuren und Wege“ durchstöbern und sich in ausgewählte Bücher vertiefen
→ Leseratte

Ziele

Durch die Betätigung innerhalb des Aktivitätsfeldes sammeln die Schüler Erfahrungen und Wissen in den Bereichen:

- Freude am Schmökern sowie Vertiefen in Bücher und Texte eigener Wahl
- Begegnung und Auseinandersetzung mit verschiedenen Textarten
- Bekanntmachung mit Kinder- und Jugendliteratur zum Thema „Spuren und Wege“
- Informationsrecherche und -gewinnung mittels themenbezogener Literatur
- Bearbeitung angebotener Leseempfehlungen und Suchaufgaben
- Ideengewinnung zur inner- und außerschulischen Weiterführung interessengeleiteter Aktivitäten
- Steigerung der Lesefertigkeit
- Entwicklung und Erweiterung sozial-emotionaler Kompetenzen (Kommunikations- und Kooperationsfähigkeit fördern, Empathie und prosoziales Verhalten aktivieren, Hilfeleistungen geben und nehmen)

Material		
	vorhanden (Kopiervorlagen)	bereitzustellen
Leseratte	Angebotskarte Lesezeichen-Muster (Anfertigungshinweise, Schablone)	Auswahl geeigneter Kinder- und Jugendliteratur sowie Texte verschiedenster Art und Weise zum Thema „Spuren und Wege" (→ Tipps); angenehm-geräuscharmer Schmökerbereich (→ Tipps); Lesezeichen je nach Wunsch und Bedarf

Tipps

– Sammlung von Kinder- und Jugendliteratur sowie Texten zum Thema „Spuren und Wege"

Aktivitätsfeld Bauen
Allen, R.: Rätselhafte Labyrinthe. Denksport für kluge Köpfe. Bassermann-Verlag: Niedernhausen/Ts. 1996.
Favez, F. (Hrsg.): Labyrinthe. Forschen, Spielen, Experimentieren. Buch-Aktiv-Box. Ars-Edition: München 1997.
Labyrinthe aus alten und neuen Zeiten. In: Die Grundschulzeitschrift 55/1992, Friedrich-Verlag: Seelze, S. 61 ff.
Labyrinth-Rätsel aus diversen Rätselheften, Zeitungen und Zeitschriften
McIntosh, J.: Archäologie. Reihe „Sehen, Staunen, Wissen", Gerstenberg-Verlag: Hildesheim 1995.
Pennick, N.: Das Geheimnis der Labyrinthe. Goldmann-Verlag: München 1992.
Robbin, I.: Versunkene Städte. Reihe „Was ist was", Band 14, Tessloff-Verlag: Nürnberg 1983.

Aktivitätsfeld Drucken
Werk- und Bastelbücher: beispielsweise – Pellò, B.: Zeichnen, Malen und Drucken. Falken-Verlag: Niedernhausen/Ts. 1998.

Aktivitätsfeld Forschen

Beaumont, E.: Tiere in Feld und Wiese. Sonderausgabe Buch und Zeit Verlag: 1992.
Beaumont, E.: Waldtiere. Sonderausgabe Buch und Zeit Verlag: 1992.
Bouchner, M.: Der Spurenführer. Spuren und Fährten einheimischer Tiere. Gondrom-Verlag: Bindlach 1996.
Brandt, K., Behnke, H.: Fährten- und Spurenkunde. Parey-Verlag: Hamburg 1995.
Brockfield, K.: Schrift. Von der ersten Bilderschrift bis zum Buchdruck. Reihe „Sehen, Staunen, Wissen", Gerstenberg-Verlag: Hildesheim 1997 (2. Aufl.).
Brown, R.: Federn, Spuren & Zeichen. Aula-Verlag: Wiesbaden 1993.
Courtalon, C. u. a.: Ägypten zur Zeit der Pharaonen. Reihe „Die Welt entdecken". Ravensburger-Verlag: Ravensburg 1995.
Delafosse, C. u. a.: Das ägyptische Grab. Meyers kleine Kinderbibliothek, Meyers-Lexikonverlag: Mannheim 1999.

Dröscher, V. B.: Tierwanderungen. Reihe „Was ist was", Band 77, Tessloff-Verlag: Nürnburg 1985.
Elding, S. u. a.: Das alte Ägypten. Arbeitsblätter Geschichte. Verlag an der Ruhr: Mülheim an der Ruhr 1996.
Favez, F. (Hrsg.): Tierspuren. Forschen, Spielen, Experimentieren. BuchAktiv-Box. Ars-Edition: München 1996.
Haag, H.: Krabbeltieren auf der Spur. Das Buch zur Lupendose. Coppenrath-Verlag: Münster 1999.
Kelle, A., Sturm, H.: Tiere leicht bestimmt. Dümmler-Verlag: Bonn 1984.
Millard, A.: Die Ägypter. Große Völker der Vergangenheit. Verlag Rudolf Fischl: Wien 1976.
Paß, S.: Hieroglyphenschrift. In: Kunst+Unterricht 145/1990, S. 36 ff. Friedrich-Verlag: Seelze.
Reichardt, H.: Das Alte Ägypten. Reihe „Was ist was", Band 70, Tessloff-Verlag: Nürnberg 1981.
Reichardt, H.: Pyramiden. Reihe „Was ist was", Band 61, Tessloff-Verlag: Nürnberg 1978.
Roehring, C.: Spaß mit Hieroglyphen. Hieroglyphenführer, Gummistempel, Stempelkissen. Tessloff-Verlag: Nürnberg 1991.
Schütte, S.: Die Geschichte vom Pharao, der die Kamele seines Landes zählen lassen wollte. In: Die Grundschulzeitschrift 102/1997, S. 8 (32) ff., Friedrich-Verlag: Seelze.
Tierbücher, Tierlexika aller Art, sehr empfehlenswert:
Ravensburger Tierlexikon von A – Z. Ravensburger-Verlag: Tübingen 1993.
Witt, R.: Tierspuren. Beobachtungen durch das Jahr. Orbis-Verlag: München 1996.

Aktivitätsfeld Schreiben

Brockfield, K.: Schrift. Von der ersten Bilderschrift bis zum Buchdruck. Reihe „Sehen, Staunen, Wissen", Gerstenberg-Verlag: Hildesheim 1997.
Faulmann, C.: Schriftzeichen und Alphabete aller Zeiten und Völker. Augustus-Verlag: Augsburg 1995.
de Goede, J.: Kalligraphie für Einsteiger. Schönschreiben lernen. Augustus-Verlag: Augsburg 1990.
de Goede, J.: Die schönsten kalligraphischen Alphabete. Anleitungs- und Vorlagebuch. Augustus-Verlag: Augsburg 1993.
Hartmann, C.: Mach mehr aus deiner Handschrift. Augustus-Verlag: Augsburg 1994.
Kalligraphie. Edition Michael Fischer, Band 39, München 1997.
Schade, I.: Gestalten mit Schrift. Kalligraphie. Falken-Verlag: Niedernhausen/Ts. 1996.

Aktivitätsfeld Suchen

Allen, R.: Rätselhafte Labyrinthe. Denksport für kluge Köpfe. Bassermann-Verlag: Niedernhausen/Ts. 1996.
Augenlabyrinthe in diversen Rätselheften und Zeitschriftenrätselteilen
Ballinger, E.: Das schlaue Handbuch für Minidetektive. Ueberreuter-Verlag: Wien 1999.
Creynfeld, C. u. a.: Streng geheim. Das Buch für Detektive und Agenten. Edition moses: Kempen 1995.
Ellermann, H.: Geheimplan K. K.. Lappan-Verlag: Oldenburg 1999.
Fang den Dieb! – Überraschungstüte. Meine kunterbunte Detektivtüte. Arena-Verlag: 1999.
Köthe, R.: Kriminalistik. Dem Täter auf der Spur. Reihe „Was ist das", Band 98, Tessloff-Verlag: Nürnberg 1994.
Lane, B.: Verbrecher & Detektive. Die faszinierende Arbeit von Kriminalisten. Reihe „Sehen, Staunen, Wissen", Gerstenberg-Verlag: Hildesheim 1998.
Mai, Manfred: Leselöwen Detektivgeschichten. Loewe-Verlag: Bindlach 2000.
Malspaß mit Labyrinthen. Edition Bücherbär. Arena Verlag: Würzburg 1999.

Aktivitätsfeld Wahrnehmen

Bücher und Spiele zur Wahrnehmung (Tast-, Hör-, Geruchs-, Seh- und Geschmackssinn) und zum menschlichen Körper (Sinnesorgane) – beispielsweise:

Barbey, D.: Unsere fünf Sinne. Ravensburger-Verlag: Ravensburg 1998.
Beaumont, E. u. a.: Der Körper. Fleurus-Verlag: Saarbrücken 1998.
Biestys, S.: Fantastische Reise durch den Körper. Gerstenberg-Verlag: Hildesheim 1999.
Bömer, B. u. a.: Sinne erschließen die Umwelt. Wie Mensch, Tier und Pflanze ihre Umwelt wahrnehmen. Verlag an der Ruhr: Mülheim an der Ruhr 1995.
Jennings, T.: Ich & meine Sinne. Projektmappe. Verlag an der Ruhr: Mülheim an der Ruhr 1991.
Mayes, S. u. a.: Mein Körper. So funktioniert der menschliche Körper. Reihe „Extra Wissen“, Ravensburger-Verlag: Ravensburg 1997.
Parker, S.: Menschlicher Körper. Reihe „Sehen, Staunen, Wissen – Faszinierende Forschung“, Gerstenberg-Verlag: Hildesheim 1998.
Parks, H. u. a.: Der menschliche Körper. Reihe „Die neue Dimension des Sehens“, Arena-Verlag: Würzburg 1999.
Tarnowski, W.: Unser Körper. Reihe „Was ist was“, Band 50, Tessloff-Verlag: Nürnberg 1995.
Williams, F.: Körper des Menschen. Reihe „Sehen, Staunen, Wissen – Das Innere der Dinge“, Gerstenberg-Verlag: Hildesheim 1997.

Diverses zu „Spuren und Wege“
Spuren unserer Vergangenheit:
Bailey, J. u. a.: Urgeschichte. Young Oxford. Beltz & Gelberg-Verlag: Weinheim/Basel 1999.
Halstead, L. B.: Der Urzeit auf der Spur. Franckh-Kosmos-Verlag: Stuttgart 1991.
Hellmiß, M.: Urmenschen. Reihe „Frag mich was“, Band 11, Loewe-Verlag: Bindlach 1993.
Hellmiß, M.: Tiere der Urzeit. Reihe „Frag mich was“, Band 1, Loewe-Verlag: Bindlach 1992.
Lambert, D.: Alles über die Frühmenschen. Arena-Verlag: Würzburg 1988.
Marchand, P. (Hrsg.): Steinzeit-Mensch. Die Spuren unserer Vorfahren. Forschen, Spielen, Experimentieren. Buch-Aktiv-Box. Ars-Edition: München 1997.
Reichardt, H.: Fossilien. Zeugen der Urwelt. Reihe „Was ist was“, Band 69, Tessloff-Verlag: Nürnberg 1982.
Reichardt, H.: Die Völkerwanderung. Reihe „Was ist was“, Band 67, Tessloff-Verlag: Nürnberg 1982.
Rowland-Entwistle, T.: Leben in der Vorzeit. Reihe „Wissen warum“, Herder-Verlag: Freiburg i. B. 1990.
Schuster, H.: Mit Kindern in die Steinzeit. Die Grundschulzeitschrift 124/99. Friedrich-Verlag: Seelze.
Sklenitzka, F. S. u. a.: Die Steinzeitmenschen. Sachgeschichten. Reihe „Das will ich wissen“, Arena-Verlag: Würzburg 1998 (2. Aufl.).
Taylor, P. D.: Fossilien. Die geheimnisvolle Welt der Versteinerungen. Reihe „Sehen, Staunen, Wissen“, Gerstenberg-Verlag: Hildesheim 1992.
Lebenswege und Spuren bekannter und bedeutender Menschen:
Ardagh, P.: Abenteuer und Entdecker. Echter-Verlag: Würzburg 1996.
Babovic, T. u. a.: Auf Paula Modersohn-Beckers-Spuren. Ellert & Richter-Verlag: Hamburg 1995.
Edition Bücherbär: Die große Spiel- und Spaßbox für Weltentdecker. Arena-Verlag: Würzburg 1998.
Ekker, E. u. a.: Franz Schubert. Ein musikalisches Bilderbuch. Annette-Beltz-Verlag: Wien/München 1996.
Goldsworthy, A.: Andy Goldsworthy – Holz – Stein (3 Bildbände), Zweitausendeins-Verlag: Frankfurt/Main 1998.
Köthe, R.: Entdecker und ihre Reisen. Reihe „Was ist was“, Band 5, Tessloff-Verlag: Nürnberg 1991.

Sonstiges:
Bever, H. U. u. a.: Auf den Spuren unseres Glaubens. Eine Arbeitsmappe zur Bibel und ihren historischen Hintergründen. Verlag an der Ruhr: Mülheim an der Ruhr 1997.
Edition Bücherbär: Die große Spiel- und Spaßbox für Naturforscher. Arena-Verlag: Würzburg 1998.
Greisenegger, I. u. a.: Umweltspürnasen. Aktivbücher. Orac-Verlag: Wien 1989.

Grenier, N.: Auf der Spur der Indianer. Reihe „Die Welt entdecken", Ravensburger-Verlag: Ravensburg 1986.
Meyers Jugendbibliothek: Der Weg des Wassers. Meyers-Lexikonverlag: Mannheim 1995.
Lexika aller Art zum Nachschlagen sowie als Hilfe für Begriffsklärungen
Sehr empfehlenswert:
Der Kinder Brockhaus. Bände 1–4, Brockhaus-Verlag: Mannheim 1997.
Der Jugend Brockhaus. Bände 1–3, Brockhaus-Verlag: Mannheim 1996.
Das große Kinderlexikon. Loewe-Verlag: Bindlach 1996.
Zeitschriften- und Zeitungsartikel samt Bilder und Fotos zum Thema „Spuren und Wege"
Lassen Sie dabei auch Schüler auf die Suche gehen!

- Bücherkiste zusammenstellen lassen
  Viele Städtische Büchereien bieten Lehrkräften einen besonderen Service an: Bei Anfrage wird Ihnen eine Bücherkiste mit Kinder- und Jugendliteratur zu einem bestimmten Thema zusammengestellt, die Sie für eine bestimmte Zeit für den Einsatz in der Schule ausleihen können.
- Schmökerbereich für „Leseratten" gestalten
  Damit Schüler Lust zum Schmökern und Lesen von Büchern und Texten aller Art entwickeln, empfiehlt es sich, den Lese- bzw. Schmökerbereich anregend-geräuscharm zu gestalten: Matratze, Schaukelstuhl, Sitzball, Sofa und viele bunte Kissen zum entspannt-kuscheligen Sitzen und Liegen; Wandschmuck und Pflanzen zur Schaffung einer angenehm-wohnlichen Atmosphäre; Papier und Stifte zum Anfertigen wichtiger Notizen oder kleiner Zeichnungen, ... und eine Auswahl an, der Altersstufe der Schüler sowie dem Themenbereich entsprechender, gut aufbereiteter Literatur bzw. anderer Textsorten.
- Verhaltensregeln für den Schmökerbereich vereinbaren
  Gestalten Sie am besten gemeinsam mit den Schülern ein Plakat mit wichtigen Verhaltensweisen für den Schmökerbereich. Unter anderen erscheinen folgende Regeln als sinnvoll:
  Wenn gesprochen werden muss, dann nur im Flüsterton!
  Es dürfen sich maximal fünf Schüler (je nach Größe des Schmökerbereiches) gleichzeitig in der Leseecke aufhalten!
  Vorsichtiger Umgang mit Büchern!

Schmökern

Du darfst hier nach Lust und Laune Schmökern und Lesen:
In den Büchern zum Thema „Spuren und Wege“ entdeckst du sicherlich einiges, was dich interessiert und du noch nicht gesehen oder gewusst hast!

Lesezeichen

Findest du ein Lesezeichen in einem der Bücher?
Lies den Text, denn es macht dich auf vielerlei Interessantes, Spannendes, Neues, …aufmerksam.

Lesezeichen

Verwendungszweck:
Verwenden Sie das Lesezeichen, (siehe Muster S. 67), wenn Sie die Schüler in einem bestimmten Buch auf etwas aufmerksam machen wollen.

Beispielsweise können Sie auf den Fußabdruck einen Hinweis folgender Art schreiben:
- Sehenswertes: „Schau dir den Bildband über den Künstler Andy Goldsworthy an. Welche Spuren hat er hinterlassen? Hast du eine Idee für ein ähnliches Kunstwerk?"
- Wissenswertes: „Lies die Seite 45. Ist das nicht eine verblüffende Entdeckung?"
- Suchaufgabe: „In diesem Buch kannst du über das Leben von Franz Schubert lesen. Hast du gefunden, wann und wo er geboren ist? Schreibe diese Information auf!"

Tipp: Schreiben Sie auf das Lesezeichen immer die entsprechende Literaturangabe, denn das erleichtert ein Wiederfinden bei Vertauschungen!

Herstellung:
- Fußabdruck mit entsprechendem Hinweis versehen und auffällig gestalten (z. B. auf farbiges Papier bzw. Karton kleben; mit Zeichnungen, Bildern, Aufklebern, ...verschönern; bunte, dicke Schrift verwenden; Faden, der aus dem Buch heraussteht, anbinden; ...)
- Fußabdruck als Lesezeichen in das entsprechende Buch legen

Lesezeichen-Muster

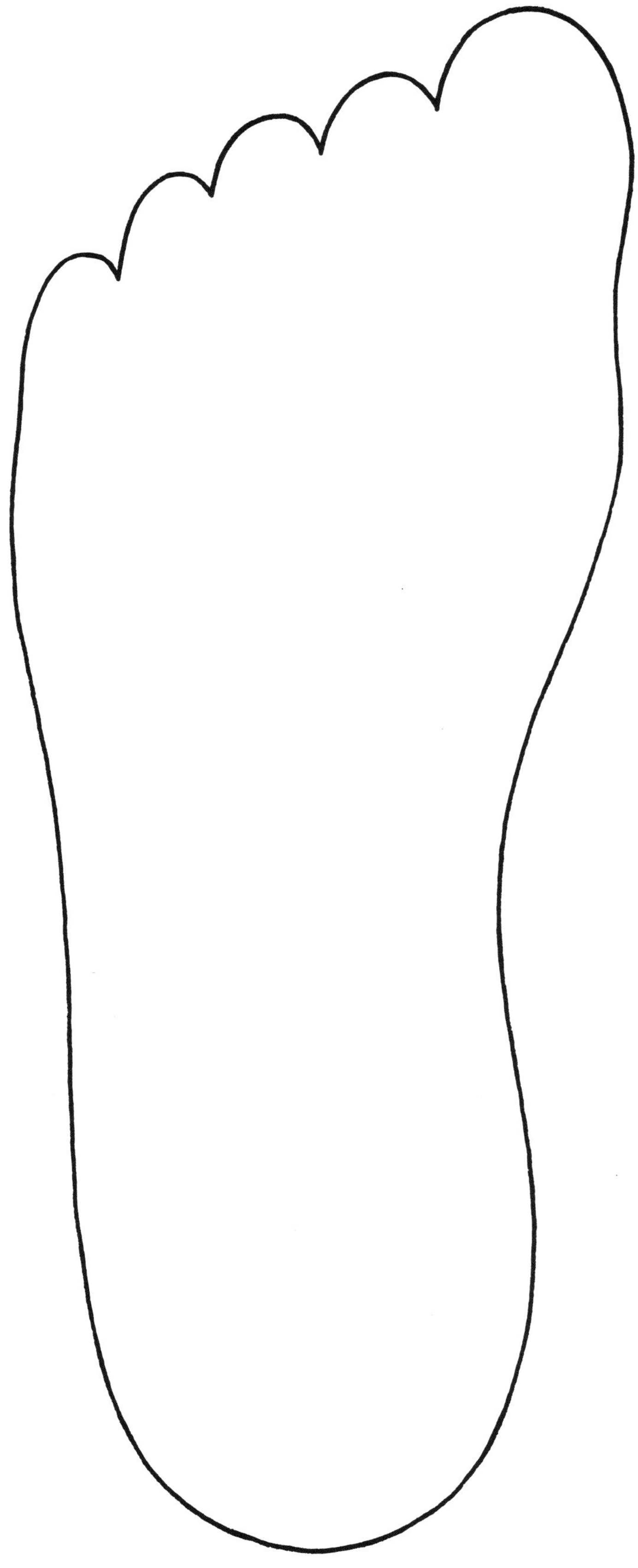

Schreiben

Inhalte

Das Aktivitätsfeld „Schreiben" besteht aus sechs Angebotskarten:
Personenbeschreibungen verfassen und gestalten → Steckbrief
Wege in Schrift und Bild beschreiben → Geheimweg
Geheimschriften erfinden und entschlüsseln → Geheimschrift
Kunst des Schönschreibens kennen lernen → Kalligraf
„Schreibtinte" für geheime Botschaften verwenden → Zaubertinte
Geschichtenanfänge weiterschreiben → Schriftsteller

Ziele

Durch die Betätigungen innerhalb des Aktivitätsfeldes sammeln die Schüler Erfahrungen und Wissen in den Bereichen:

- Beschreibung der eigenen oder einer anderen Person
- Erfahrung im Gebrauch unterschiedlicher Schreib- und Gestaltungstechniken (Buchstabenstempeldruck Collage, Kalligrafie, Schreibmaschine)
- Aktivierung von Kongruenzvorstellungen bezüglich Inhalt – Schrift – Bild
- Auseinandersetzung mit Formen „Konkreter Poesie"
- Erfassung von Schrift als willkürliches Kommunikations- bzw. Zeichensystem
- Erfindung und Entschlüsselung von Geheimschriften
- Vertrautheit mit Feder und Tinte als Schreib- und Zeichengeräte
- Anfertigung und Einsatz eines Federkiels als Schreibmittel
- Verantwortungsvoller Umgang mit Arbeitsmitteln wie scharfe Messer und Bügeleisen
- Freude an der Auseinandersetzung mit Schrift und Sprache und am Gebrauch unterschiedlicher, teils untypischer, Schreibmittel und Gestaltungsformen
- Verfassen von freien Texten zu vorgegebenen Satzanfängen mithilfe inspirierender Gegenstände und Bilder
- Entwicklung und Erweiterung sozial-emotionaler Kompetenzen (Kommunikations- und Kooperationsfähigkeit fördern, Empathie und prosoziales Verhalten aktivieren, Hilfeleistungen geben und nehmen)

Material

	vorhanden (Kopiervorlagen)	bereitzustellen
Steckbrief	Angebotskarte 3 Steckbriefmuster	Pinnwand/Stelltafel (auf der die Steckbriefmuster aufgehängt werden können); Materialien der Steckbriefe (je nach Aushang): Papier in verschiedenen Farben und Formaten, Stifte, Schreibmaschine, Druckbuchstaben und Stempelkissen, Zeitschriften und Zeitungen, Schere und Klebstoff, Feder, Federhalter und Tinte
Geheimweg	Angebotskarte 2 Geheimwegmuster	Papier, Stifte
Geheimschrift	Angebotskarte	Papier, Stifte
Kalligraf	Angebotskarte Gedichte zum Thema „Spuren und Wege" Karte „Federkiel herstellen"	Material zur Kalligrafie: Bücher, Verse fürs Poesiealbum, Gedichte und Lebensweisheiten aller Art, ... (→ Tipps); Federhalter und Federn unterschiedlicher Breite und Form; verschiedenfarbige Tinte; Papier unterschiedlicher Qualität, Farbe und Form; Gänse-, Möwen- oder Raubvogelfedern (Fundort: Park, Bauernhof usw.), scharfes Messer (evtl. Wundpflaster!), Schneidebrett
Zaubertinte	Angebotskarte	Zitronenhälften, Zitronenpresse, kleines Sieb und kleines Glas; handelsübliche Federhalter und Federn unterschiedlicher Breite und Form, weißes Papier; Bügeleisen und Unterlage
Schriftsteller	Angebotskarte 4 Karten mit Satzanfängen + Bildkarten	Schachtel mit der Aufschrift „Schriftsteller"(in die die Karten mit Satzanfängen und Bildkarten sowie die noch zu besorgenden Gegenstände, wie roter Luftballon, kleines Spielzeugauto gelegt werden); Papier und Stifte, Schreibmaschine

Tipps

- Schreibumgebung anregend gestalten
  Die Lernumgebung zum Schreiben kann mit einfachen Mitteln in eine alte Schreibstube umgewandelt werden: dekoratives Auslegen alter Bücher und Schriften, Urkunden, Zeugnisse der Großeltern, Brillen, Schiefertafeln, Schreibunterlagen usw., Plakate oder Kalenderblätter von Bibliotheken, alten Klassenzimmern usw., Aufstellen von Tintenfässern, Federn, Aktenordnern, Papierablagen usw., wenn vorhanden Schreibpult und Ärmelschoner, ...
  In der „Schreibstube“ sollen die Schüler entspannt-konzentriert arbeiten können.
- Material zu dem Thema „Kalligrafie“ zusammensuchen
  Anhand von Büchern, Kalligrafiemustern, Gedichtblättern usw. werden die Schüler angehalten eigenständig Informationen zur Schönschreibkunst einzuholen. Durch das Material inspiriert, dürfen sie kalligrafisches Schreiben und Zeichnen einfach ausprobieren und in Anwendungsmöglichkeiten umsetzen.
  Die folgenden Literaturangaben sind als Anregung anzusehen, denn vielleicht haben sie selbst bereits geeignetes Material:
  Brockfield, K.: Schrift. Von der ersten Bilderschrift bis zum Buchdruck. Reihe „Sehen, Staunen, Wissen“, Gerstenberg-Verlag: Hildesheim 1997.
  Faulmann, C.: Schriftzeichen und Alphabete aller Zeiten und Völker. Augustus-Verlag: Augsburg 1995.
  de Goede, J.: Kalligraphie für Einsteiger. Schönschreiben lernen. Augustus-Verlag: Augsburg 1990.
  de Goede, J.: Die schönsten kalligraphischen Alphabete. Anleitungs- und Vorlagebuch. Augustus-Verlag: Augsburg 1993.
  Guggenmos, J.: Was denkt die Maus am Donnerstag? 123 Gedichte für Kinder. Dt. TB-Verlag: München 1998.
  Hartmann, C.: Mach mehr aus deiner Handschrift. Augustus-Verlag: Augsburg 1994.
  Kalligraphie. Edition Michael Fischer, Band 39, München 1997.
  Navé, R. (Hrsg.): Die schönsten Sprüche für das Poesiealbum. Schneider-Verlag: München 1999.
  Schade, I.: Gestalten mit Schrift. Kalligraphie. Falken-Verlag: Niedernhausen/Ts. 1996.
  Wolter-Rosendorf, I.: Verse fürs Poesiealbum. Falken-Verlag: Niedernhausen/Ts. 1999.
  Zöpfl, H. (Hrsg.): Die schönsten Kindergedicht. Gondrom-Verlag: Bindlach 1979.
- Federkiel-Herstellung ermöglichen
  Wenn Sie nicht genug große Naturfedern finden können, dann geben Sie den Schülern einige Wochen vorher den Arbeitsauftrag, selbst mindestens eine große Feder zu suchen bzw. zu besorgen. Weisen Sie die Kinder auf die Verletzungsgefahr hin und geben Sie ihnen einen Vertrauensvorschuss, mit dem scharfen Messer verantwortungsbewusst umgehen zu können, dann passiert in der Regel kaum etwas!
- Zaubertinte sichtbar machen
  Stellen Sie das Bügeleisen samt Unterlage an einen für Sie gut sichtbaren Ort auf. Haben Sie Bedenken hinsichtlich eines unsachlichen Umgangs der Schüler mit der Hitzequelle, dann erlauben Sie den Vorgang des Sichtbarbügelns der Schrift nur unter Aufsicht einer vertrauenswürdigen Person (z. B. gesammelt am Ende der Lerneinheit oder wenn viele Schüler mit dem Schreiben fertig sind).

Steckbrief erstellen

An der Pinnwand findest du verschiedene Steckbriefe.
Hier wird jemand beschrieben, vielleicht weil eine Person gesucht wird oder sich selbst vorstellen möchte.

Überlege: Wen möchte ich gerne beschreiben – einen unbekannten Verbrecher, einen Mitschüler, meine Eltern, … ?

Gestalte mit den bereitgestellten Materialien einen Steckbrief wie du ihn dir vorstellst. Ausgefallene Ideen sind wünschenswert!

Steckbrief-Rätsel

Wenn du den Namen nicht verrätst, dann wird der Steckbrief zum lustigen Rätsel.

Kriminalakte

Mit einem richtigen Fingerabdruck (Stempelkissen!) oder einem Passfoto kann der Steckbrief zu einer Kriminalakte werden.

10 Jahre alt
braune lange Haare
Tanja
Scholl
Ich koche gern.
Ich lese gern
Mein beste FrEUn in
ist Lisa.

Gesucht

begangene Verbrechen : faulenzen, Spaß haben, Musik hören, Fußball spielen

besondere Merkmale : Brille, Sommersprossen

Größe : 1,51 m

Alter : 12 Jahre

Uli Siebenkirsch

Komplizen: Hansi Maier, Wolfgang Fischer, Kalle Moser

Belohnung: ein Leben lang Gummibärchen

ICH
... bin 12 Jahre alt.
... bin ein absoluter Fußballfan
... heiße Jürgen
Alle meine Freunde kicken auch.
Mein großer Traum ist Fußballprofi.
... bin Stürmer beim FC Bonstetten.

Geheimweg

Schau dir einen Geheimweg an, der als Muster ausliegt:
Du siehst eine Zeichnung und einen langen, langen Satz. Wohin führt der Geheimweg?

Hast du auch einen geheimen Platz, ein Geheimversteck oder einen Lieblingsort, zu dem niemand den Weg kennt? Überlege!

Du hast eine Idee?
Dann beschreibe diesen Weg mit einem langen Satz und zeichne, zum Weg passend, ein Bild.

Vorsicht: Wenn du dein wirkliches Geheimversteck nicht verraten möchtest, dann kannst du uns ja in die Irre führen und einen Weg beschreiben, der irgendwo anders hin führt!

Mein Geheimplatz

Was ist so geheimnisvoll an deinem Versteck?
Warum hast du dir gerade diesen Geheimplatz ausgesucht?

Schreibe eine Geschichte dazu oder erzähle ein Erlebnis darüber!

Mein Geheimweg führt vorbei an unserer Häuserreihe, über die Straße, um die Säule herum, zwischen den Bäumen und Parkbänken hindurch, vorbei am Kino, durch das Loch in der Hecke zu meinem Geheimversteck.
KINO
Mist! Verschlossen!
KINO

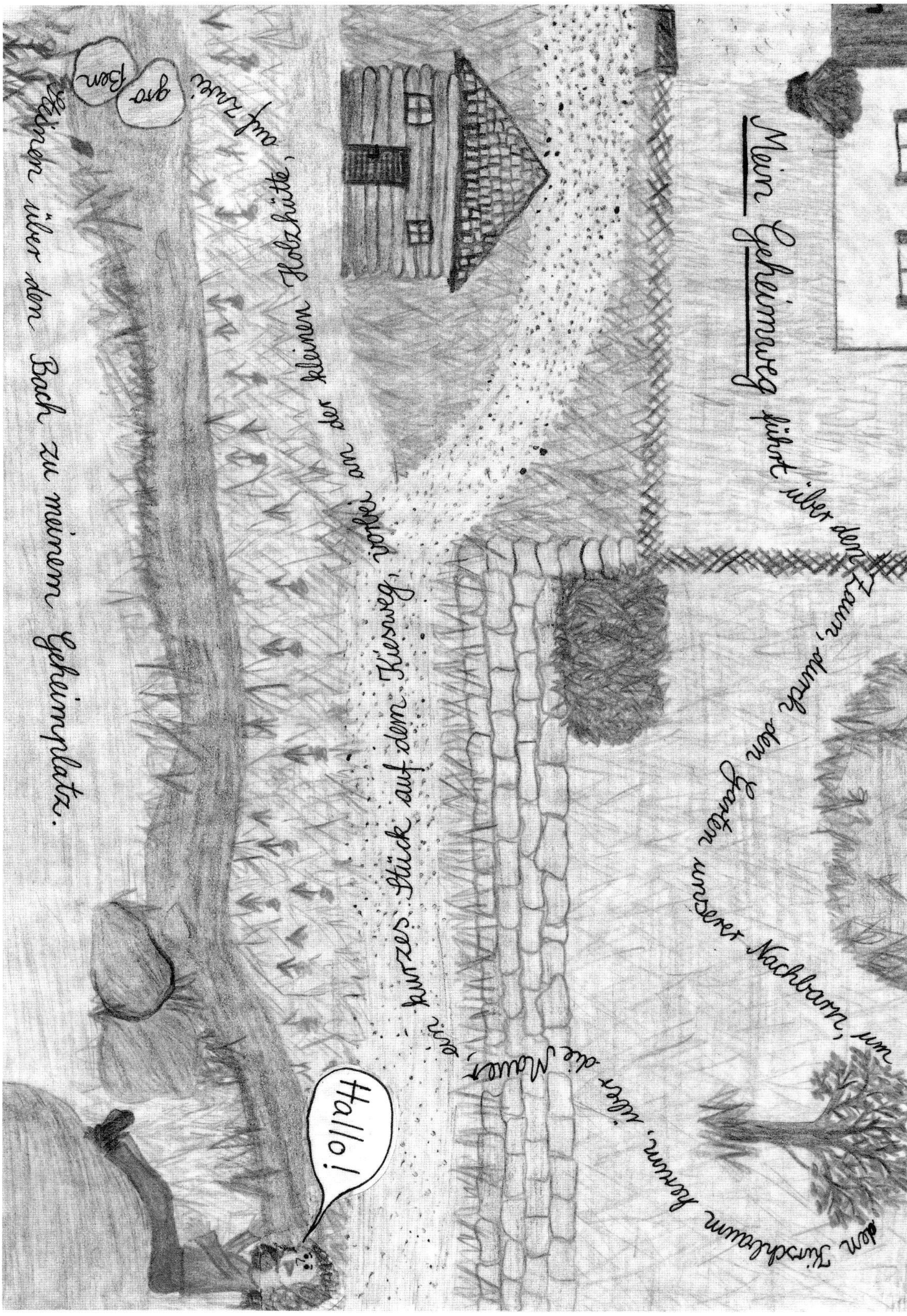
Mein Geheimweg führt über den Zaun, durch den Garten unserer Nachbarn, um den Kirschbaum herum, über die Mauer, ein kurzes Stück auf dem Kiesweg, vorbei an der kleinen Holzhütte, auf zwei gro ßen Steinen über den Bach zu meinem Geheimplatz.
Hallo!

Geheimschrift enträtseln

Was bedeuten die Zahlen 7 5 8 5 9 13 ?
Drei Tipps, wie du das Rätsel lösen kannst:

Tipp 1: Jede Zahl steht für einen bestimmten Buchstaben im Alphabet, zum Beispiel:
7 = G
5 = E
8 = ?

Tipp 2: 1 = A

Tipp 3: Es ist ein Wort (Eigenschaftswort) und bedeutet „vertraulich".

Das Lösungswort ist ein Wort aus einer Geheimschrift, die Kinder selber erfunden haben.

Geheimschrift erfinden

Möchtest du auch so etwas erfinden ?
Erfinde deine ganz eigene Geheimschrift. Hier sind einige Anregungen:

1 7 Ziffernschrift = jede Ziffer steht für einen Buchstaben (1 = A, 7 = G)

◆ ● Zeichenschrift = jedes Zeichen steht für einen Buchstaben (◆ = Buchstabe deiner Wahl)

,  Bilderschrift = jeder Anfangsbuchstaben des Wortes auf dem Bild steht für den gesuchten Buchstaben ( = B,  = T)

Achtung: Zum Entziffern musst du unbedingt den Lösungsschlüssel angeben!

Hast du eine Geheimschrift erfunden, dann schreibe Wörter und Sätze damit und lasse sie von Mitschülern entziffern!
Das macht bestimmt großen Spaß!

Bist du ein guter und geübter Geheimschriftenschreiber, dann kannst du ganze Briefe schreiben oder vorhandene Texte in deine Schrift übersetzen.

Schon gewusst?

Ein Kalligraf ist kein Graf im Sinne eines Adeligen, sondern ein „Schönschreiber“. Er ist ein Künstler, der Gedichte, Sprüche, Texte, Urkunden, ...in wunderschönen Buchstaben schreibt und sie mit Ornamenten und Musterungen verziert.

Schreiben wie ein Kalligraf

Möchtest du auch wie ein Kalligraf schreiben ?

Wie? Lerne im ausgelegten Material zur „Kalligrafie“ diese Schreibkunst näher kennen. Hole dir dort Anregungen zum Schreiben und Zeichnen.

Was?
- einzelne Buchstaben oder Ziffern
- das Alphabet
- deine Initialen (= Anfangsbuchstaben deines Namens)
- Poesiealbumspruch und Lebensweisheit
- kurzes Gedicht
- Gutschein, z. B. für 1x Geschirrspülen
- Glückwunschkarte
- Brief, z. B. Liebesbrief
- eigene Ideen

Womit?
Schreibe mit Feder und Tinte auf verschiedenen Papiersorten.

Federkiel herstellen

Als es noch keine Füllfedern und Federhalter gab, schrieben und zeichneten die Menschen mit Federkielen aus Gänsefedern.

Auf der Karte „Federkiel herstellen“ wird beschrieben, wie du so ein Schreibgerät selbst herstellen kannst.

Federkiel herstellen

Ein selbst gemachter Federkiel zum Schreiben und Zeichnen:
Du kannst damit genauso schreiben wie die Menschen in früheren Zeiten, als es noch keine Füllfedern und Kugelschreiber gab.

Das brauchst du:
- Papier und Tinte
- Schneidebrett und kleines, scharfes Messer
- große Feder von Gans, Möwe oder Raubvogel
- hoffentlich kein Wundpflaster: Sei vorsichtig!

So wird es gemacht:
Halte mit einer Hand die Feder fest und schneide mit der anderen Hand das untere Ende der Feder schräg weg.
Achtung: Schneide immer in die Richtung vom Körper weg!

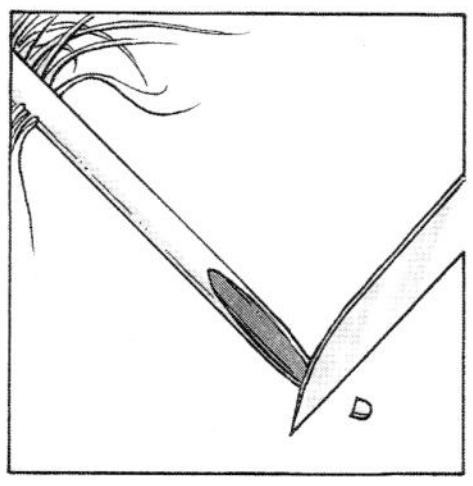

Dann schneide mit deinem Meser eine kleine Kerbe in die Federspitze:

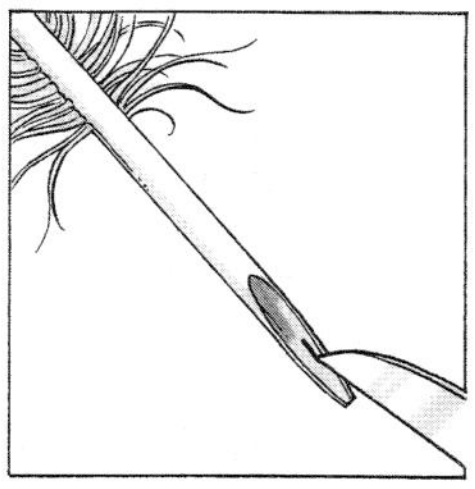

Das kannst du machen:
Wähle selbst aus, was du gerne schreiben und/oder zeichnen möchtest:
- einzelne Buchstaben oder Ziffern
- das Alphabet
- deine Initialen (= Anfangsbuchstaben deines Namens)
- Poesiebuchspruch und Lebensweisheit
- kurzes Gedicht
- Gutschein, z. B. für 1x Geschirrspülen
- Glückwunschkarte
- Brief, z. B. Liebesbrief

Gutes Gelingen und viel Spaß!

Gedichte

Spuren von winzigen Zehen

Was ist da im Schnee zu sehen?
Spuren von winzigen Zehen.

Eine kleine Maus –
hier kam sie heraus!
Verschwunden ist sie, husch,
in jenem Loch vor dem Haselbusch.

Zwischen den Tritten
fein
ein Strich.
Wer kann's sein?
Da zog es das Schwänzlein
hinter sich drein.

Josef Guggenmos

Der Brief

Es kommt von mir,
es geht zu dir.
Es ist kein Mensch,
es ist kein Tier.
Es ist nur dies:
ein Stück Papier.

Ein Stück Papier,
jedoch es spricht.
Es bringt von mir
dir den Bericht:
Ich hab dich lieb,
vergiß mich nicht.

Josef Guggenmos

Die Ameisen

In Hamburg lebten zwei Ameisen,
die wollten nach Australien reisen.
Bei Altona auf der Chaussee,
da taten ihnen die Beine weh,
und da verzichteten sie weise
dann auf den letzten Teil der Reise.

Joachim Ringelnatz

Allein

Es führen über die Erde
Straßen und Wege viel,
aber alle haben
dasselbe Ziel.

Du kannst reiten und fahren
zu zwein und zu drein,
den letzten Schritt mußt du
gehen alleine.

Drum ist kein Wissen
noch Können so gut,
als daß man alles Schwere
alleine tut.

Hermann Hesse

„Spuren von winzigen Zehen" und „Der Brief" © Josef Guggenmos: Was denkt die Maus am Donnerstag? Beltz Verlag: München 1998.
„Die Ameisen" und „Allein" © Helmut Zöpfl (Hrsg.): Die schönsten Kindergedichte. Loewe Verlag: Bindlach 1979.

Mit Zaubertinte schreiben

Wenn keiner sehen soll, was du gerade schreibst, dann musst du Zaubertinte verwenden!

Zaubertinte kannst du leicht selbst herstellen:

1. Presse die Hälfte einer Zitrone mit einer Zitronenpresse aus.

2. Gieße den Saft durch ein Sieb in ein kleines Glas.

Fertig!

Wenn du unsichtbar schreiben möchtest, dann schreibe mit dem Zitronensaft auf weißem Papier.
Die Schrift wird wieder sichtbar, wenn das Papier vorsichtig mit einem Bügeleisen (niedrigste Temperatur!) erhitzt wird!
Hokus-Pokus! Simsalabim!

Du kannst mit der Zaubertinte zum Beispiel eine geheime Botschaft, einen Liebesbrief oder ein Geheimnis auf Papier bringen – so kann es nur der gewünschte Empfänger lesen.
Aber Achtung: Du musst ihm natürlich auch verraten, wie die Schrift sichtbar wird.

Geschichte erfinden

In der Schachtel „Schriftsteller“ findest du Karten mit Satzanfängen, Gegenständen und Bildern.

Welcher Satzanfang passt zu welchem Gegenstand oder Bild?

Suche dir einen Anfang samt entsprechendem Bild oder Gegenstand aus!
Wie ein Schriftsteller schreibe nun eine erlebte oder erfundene Geschichte dazu. Verwende deine eigenen Schreibgeräte oder tippe deine Geschichte auf der Schreibmaschine.
Ich wünsche dir viele gute Ideen!

Wenn du willst, dann kannst du deine Geschichte bestimmt wie bei einer Autoren-Lesung deiner Klasse, deinen Eltern, …vorlesen.

Wie könnte eine Geschichte beginnen?

Fällt dir ein anderer Geschichtenanfang ein, der mit dem Thema „Spuren und Wege“ etwas zu tun hat?
Dann schreibe den Satzanfang auf einen kleinen Zettel, zeichne ein passendes Bild dazu oder suche einen entsprechenden Gegenstand und lege alles zusammen in die Schachtel „Schriftsteller“.
Es wäre doch interessant, wenn jemand eine Geschichte zu deinem Anfang schreiben würde!

Ich gehe meinen Weg,
wohin er mich führt, ich weiß es nicht...

Ich bin ein altes Auto
und auf dem Weg nach Indien...

Ich bin ein roter Luftballon
und der Wind trägt mich...

Eva und Peter laufen im Wald und entdecken
eine seltsame Spur, der sie neugierig folgen...

Suchen

Inhalte

Das Aktivitätsfeld „Suchen" besteht aus drei Angebotskarten:
Gegenstände durchscheinen lassen → Abreiberätsel
Labyrinthe mit den Augen nachgehen → Irrwege
Fingerabdrücke sichtbar machen → Detektiv

Ziele

Durch die Betätigungen innerhalb des Aktivitätsfeldes sammeln die Schüler Erfahrungen und Wissen in den Bereichen:

- Anwendung der Abreibe- (Frottagedruck-)Technik
- Aktivierung der Vorstellungs- und Konzentrationsfähigkeit
- Gestaltung von Endprodukten (Ausstellung, Rätselheft usw.)
- Steigerung der visuellen und taktilen Wahrnehmungsfähigkeit
- Freude am Suchen, Erfinden, Rätseln und Raten
- Sichtbarmachen von Fingerabdrücken
- Anfertigung einer Personenbeschreibung
- Informationsrecherche mittels Interview (= Verhör)
- Entwicklung und Erweiterung sozial-emotionaler Kompetenzen (Kommunikations- und Kooperationsfähigkeit fördern, Empathie und prosoziales Verhalten aktivieren, Hilfeleistungen geben und nehmen)

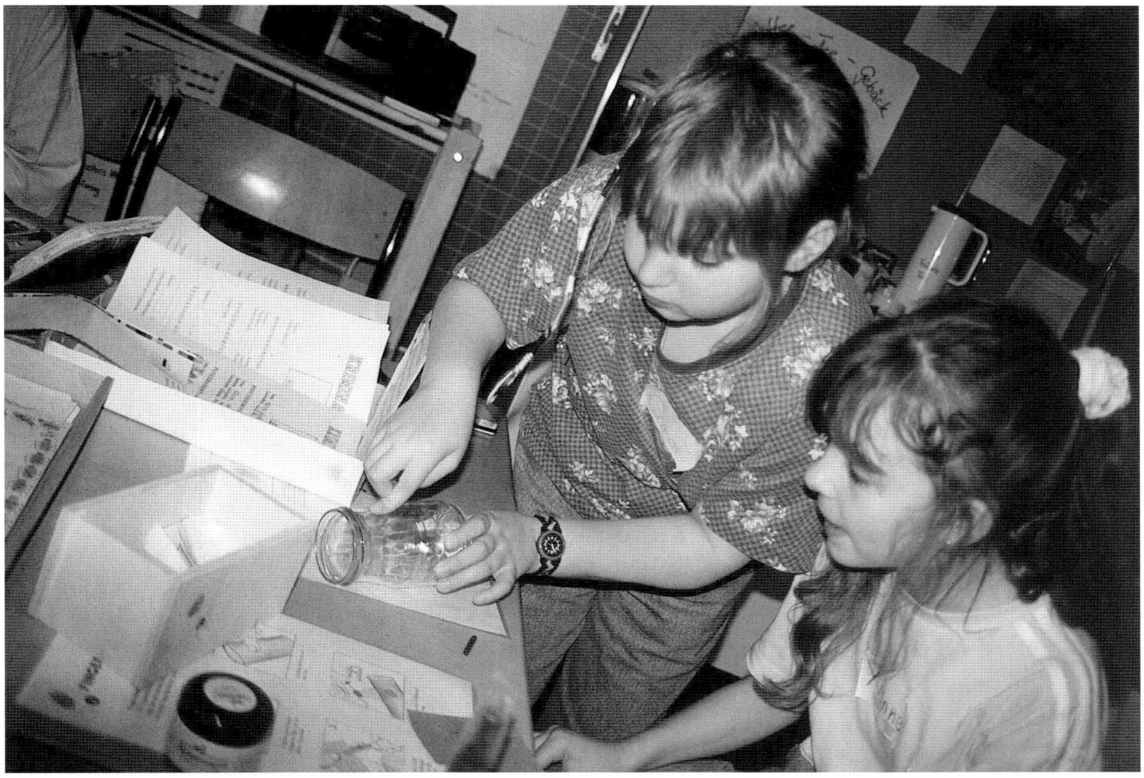

Material		
	vorhanden (Kopiervorlagen)	bereitzustellen
Abreiberätsel	Angebotskarte	Schachtel mit kleinen Gegenständen zum Abreiben (Münzen, Büroklammer, Stoffspitzen, Gummiring, Holzleiste, ...); Papier, Buntstifte, Wachsmalstifte, Bleistift
Irrwege	Angebotskarte, 4 Karten „Irrwege“ 1 Karte „Irrweg-Lösungen“	Papier, Stifte
Detektiv	Angebotskarte Anleitung „Detektiv Spürnase“ Blatt „Kriminalakte“	Glas mit glatter Oberfläche (z. B. Babynahrungsgläschen), Grafitstift/Bleistiftmine, Schmirgelpapier, Klebefolie oder Tesafilm; Stifte, Stempelkissen

Tipps

– Gestaltung der Umgebung vornehmen
Zum Aktivitätsfeld „Suchen“ passend kann ein Tafelbild oder Plakat mit bunten Symbolen (Augen, Irrgarten, Fragezeichen, Spuren, Lupe, Detektiv, ...) gestaltet und in der Nähe des Arbeitsbereiches angebracht werden.

– Entdeckungsreise zum „Abreiberätsel“ gestatten
Viele Gegenstände aus der freien Natur eignen sich hervorragend zum Abreiben. Lassen Sie die Schüler beispielsweise auch auf dem Schulhof suchen und/oder regen Sie sie an, von zu Hause, aus dem Wald usw. Interessantes mitzubringen.

– Konzentrationsmöglichkeit für die „Irrwege“ schaffen
Die Konzentrationsfähigkeit für diese Aufgabe wird durch die Möglichkeit, sich an einen ruhigen Ort (Leseecke, Gang, usw.) zurückziehen zu können, stark beeinflusst.
Hinweis: Weitere Augenlabyrinthe sind in diversen Rätselheften, Zeitschriften (im Rätselteil) und Büchern zu finden, z. B.:
Allen, R.: Rätselhefte Labyrinthe. Bassermann-Verlag: Niedernhausen/Ts. 1996.
Malspaß mit Labyrinthen. Arena Verlag: Würzburg 1999.

– Detektiv-Bücher und -Spiele als Anregung auslegen
Im Buchhandel gibt es eine Fülle an spannender, interessanter Kinder- und Jugendliteratur zum Thema, wie etwa Detektivgeschichten, Agentenromane, Handbücher für Detektive u. Ä. Zum Reinschnuppern und als Anregung zum Kaufen können Sie in der Klasse einzelne Bücher auslegen oder den Schülern eine kleine Literaturliste „Detektiv“ zusammenstellen.
Literaturempfehlungen:
Ballinger, E.: Das schlaue Handbuch für Minidetektive. Ueberreuter-Verlag: Wien 1999.
Creynfeld, C. u. a.: Streng geheim. Das Buch für Detektive und Agenten, Edition Moses: Kempen 1995.

Edition Bücherbär: Die große Spiel- und Spaßbox für Superdetektive. Arena-Verlag: Würzburg 1993.

Ellermann, H. Geheimplan K. K.. Lappan-Verlag: Oldenburg 1999.

Fang den Dieb!-Überraschungstüte. Meine kunterbunte Detektivtüte. Arena-Verlag 1999.

Köthe, R.: Kriminalistik. Dem Täter auf der Spur. Reihe „Was ist das", Band 98, Tessloff-Verlag: Nürnberg 1994.

Lane, B.: Verbrecher & Detektive. Die faszinierende Arbeit von Kriminalisten. Reihe „Sehen, Staunen, Wissen", Gerstenberg-Verlag: Hildesheim 1998.

Mai, Manfred: Leselöwen Detektivgeschichten. Loewe-Verlag: Bindlach 2000.

Gesellschaftsspiele:

Heimlich & Co (ab 8 J.) und Scotland Yard (ab 10 J.), Ravensburger Spieleverlag.

Was hast du abgerieben?

Nimm dir aus der Schachtel einen Gegenstand heraus, der dir besonders gut gefällt. Lege ein Blatt Papier darüber.
Was passiert, wenn du nun mit einem Stift einige Male vorsichtig hin und her fährst? Probiere es aus!

Lasse deine Mitschüler raten, was das wohl für ein Ding war, das du auf Papier „abgerieben“ (= durchgepaust) hast.

Gehe nun selbst im Raum oder in der Natur auf Entdeckungsreise – du findest bestimmt noch viel Interessantes zum Abreiben!

Rätselheft gestalten

Aus den einzelnen Abreibebildern kannst du alleine oder gemeinsam mit deinen Mitschülern ein Rätselheft gestalten.

Collage herstellen

Oder hast du Lust, die verschiedenen Abreibebilder auszuschneiden und zu einer Collage zusammenzukleben?

Irrwege „beschreiten“

Ziehe dich alleine mit einer Karte „Irrweg“ an einen ruhigen Ort zurück.
Versuche den Weg vom Start zum Ziel nur mit deinen Augen zu finden – verwende also keinen Stift dazu!
Viel Spaß und Geduld bei deiner Suche!

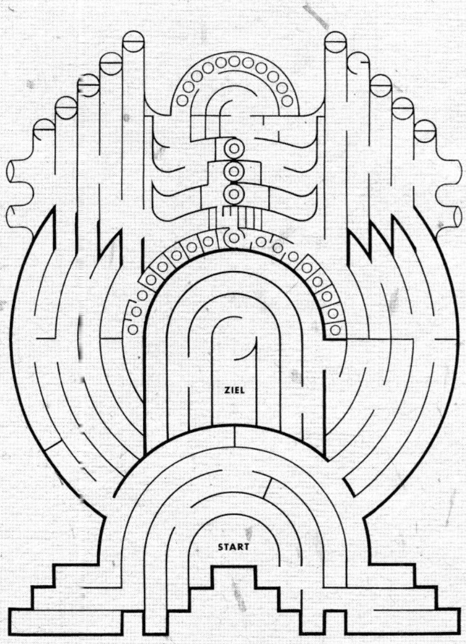

Irrweg erfinden

Wenn du Lust hast, versuche selbst einen Irrweg zu erfinden.
Du brauchst dazu Papier, Stifte und ein bisschen Fantasie!

Hast du einen gezeichnet, dann lasse Mitschüler den Weg aus dem Labyrinth finden.

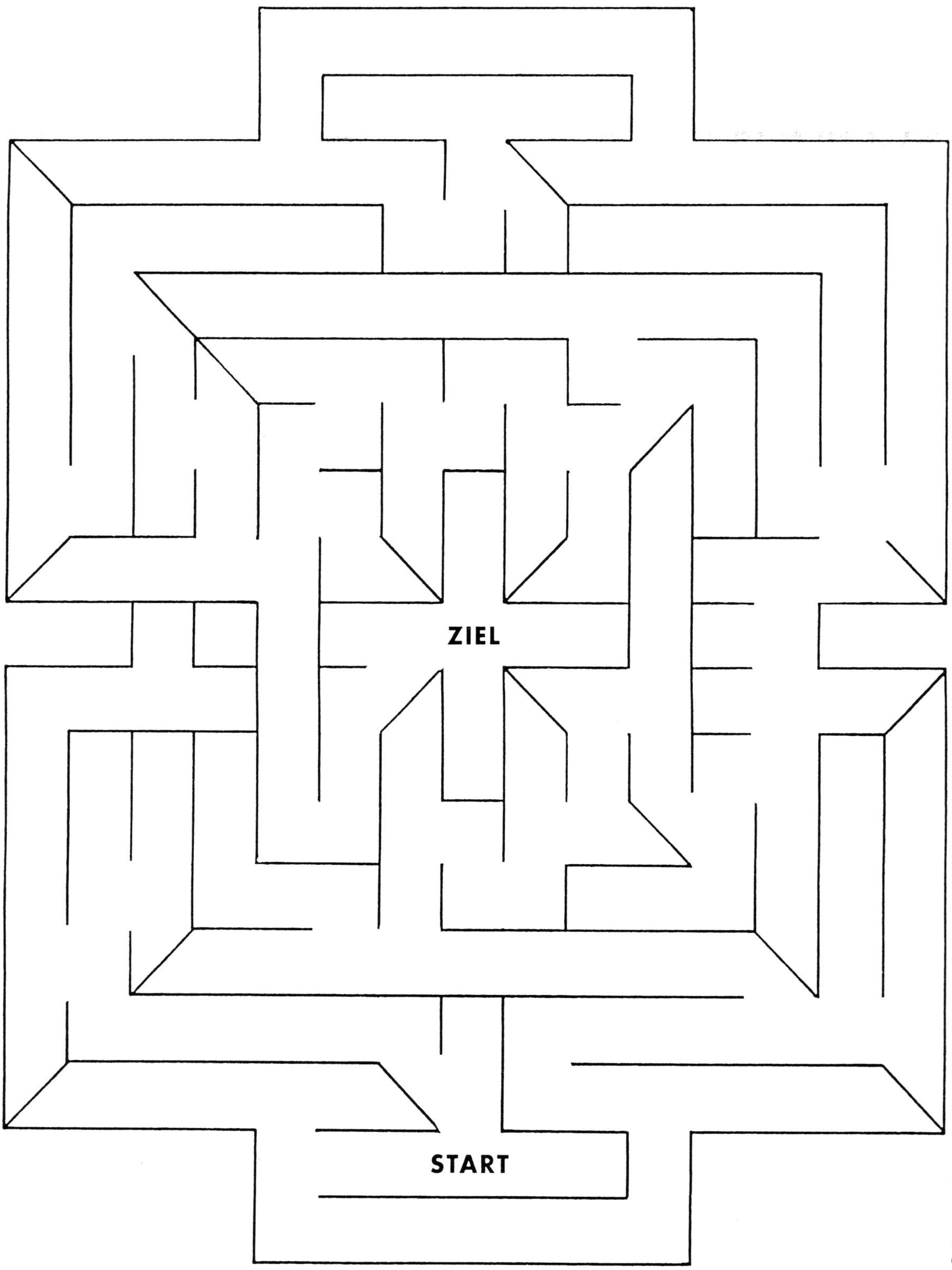
ZIEL
START

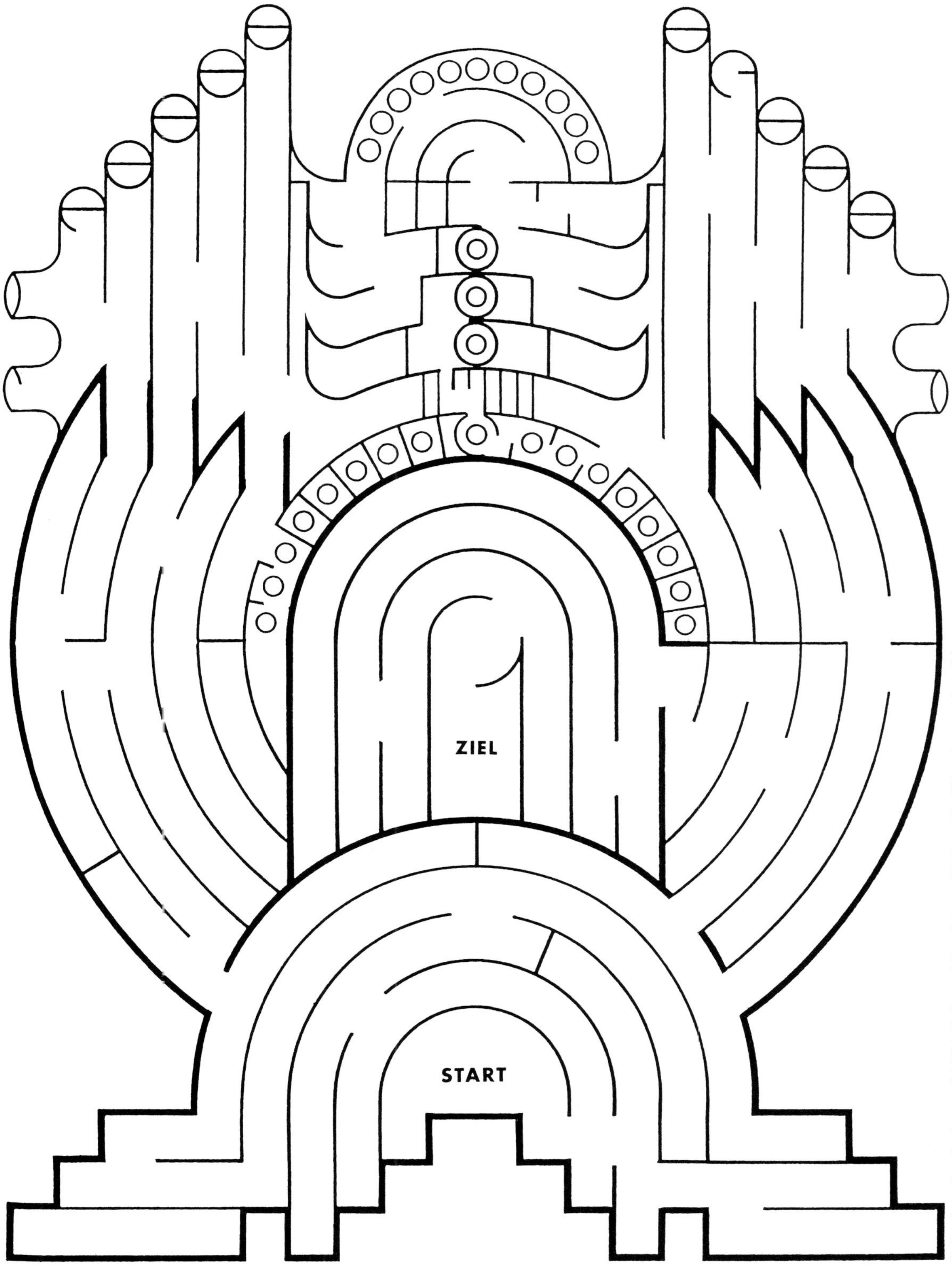
ZIEL
START

ZIEL
START

ZIEL
START

Lösungen

Schon gewusst?

Detektive suchen häufig nach Fingerabdrücken.
Weil jeder Mensch andere Abdrücke hat, weisen Fingerabdrücke eindeutig darauf hin, wer sich am Tatort aufgehalten hat.
Da ein Fingerabdruck aber nichts weiter ist als ein kaum wahrnehmbarer Fettfleck, kann man ihn nur schwer mit bloßem Auge sehen.

Fingerabdrücke sichtbar machen

Detektive kennen ein paar Tricks, wie Fingerabdrücke gut sichtbar gemacht werden können.
„Detektiv Spürnase" verrät dir einen, wenn du den Hinweisen auf der Karte folgst!
Viel Erfolg bei deiner Spurensicherung!

Du kannst auch mit einem Verdächtigen, z. B. einem Mitschüler, ein Verhör führen.
Fülle dabei die „Kriminalakte" aus.

Schmökern

Es gibt eine Menge interessanter und spannender Bücher über Detektive, ihre Kriminalfälle und ihre Arbeit als Agenten.
Vielleicht hast du die Möglichkeit, in einigen zu schmökern?

Detektiv Spürnase

verrät einen Trick zum Sichtbarmachen von Fingerabdrücken!

Du brauchst:

- Glas
- Grafitstift und Schmirgelpapier
- Klebefolie
- Blatt „Kriminalakte"

Der Trick funktioniert so:

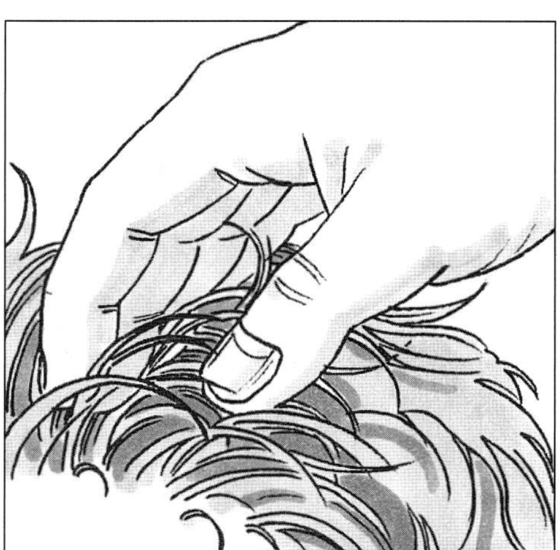

1. Reibe zuerst deinen Finger im Haar, um ihn fettig zu machen.

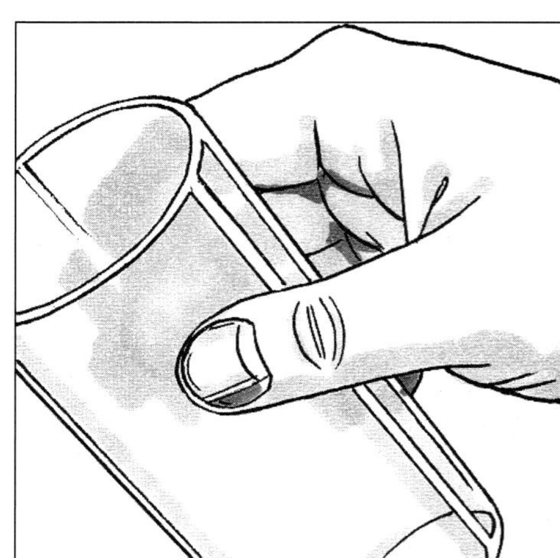

2. Dann drücke den Finger auf das Glas.

3. Nun reibe den Grafitstift mithilfe des Schmirgelpapiers ab, sodass das Grafitpulver auf den fetten Fingerabdruck fällt.

4. Blase den Grafitstaub kräftig weg.

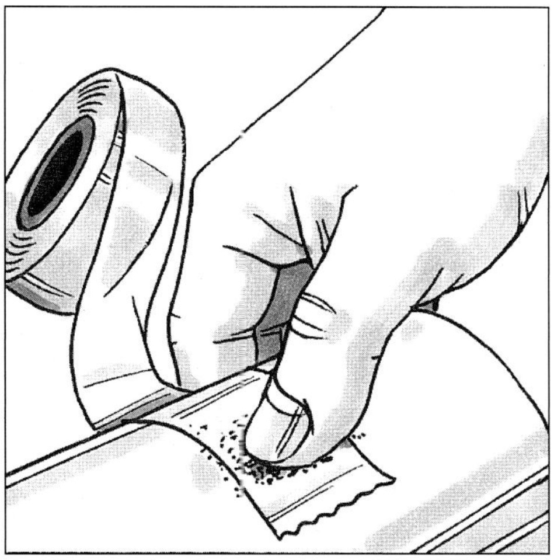

5. Nimm die Klebefolie (Tesafilm) und drücke sie vorsichtig auf den sichtbar gemachten Abdruck.

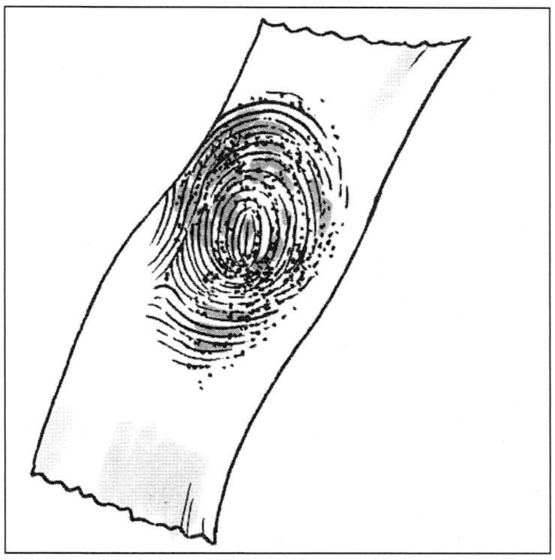

6. Löse die Klebefolie (Tesafilm) ab. Das Pulver bleibt an der Klebefolie (Tesafilm) haften.

Klebe zum Schluss den Streifen in ein Feld auf dem Blatt „Kriminalakte“.
Wenn du willst, kannst du anschließend ein Verhör führen!

Mein Name: ____________________

Kriminalakte

Führe mit einem Mitschüler als Verdächtigen ein Verhör und fülle dabei die Kriminalakte aus!

Name: ____________________ Spitzname: ____________________

Geburtsdatum: ______________ Beruf: ____________________

Beschreibung:

Größe: ____________________ Körperbau: ____________________

Haarfarbe: ________________ Augenfarbe: ____________________

Gesichtsfarbe: ______________ Besondere Kennzeichen: ____________

Fingerabdrücke:

Rechte Hand:
Daumen 1 2 3 4

Auffällige Gewohnheiten:

____

____

Datum: ____________________ Zuständiges Polizeirevier: ____________

Unterschrift des Verdächtigen: ________________________

Unterschrift des Polizeibeamten: ______________________

Wahrnehmen

Inhalte

Das Aktivitätsfeld „Wahrnehmen“ (im Sinne von Spüren) besteht aus vier Angebotskarten:
Materialien aller Art mit Füßen und Händen ertasten → Fußpfad
Sand als Wahrnehmungs-/Gestaltungsmittel erfahren → Sandspuren
Stoffe an ihrem Geruch erkennen → Spürnase
Instrumente nach bestimmter Abfolge spielen → Klangstraße

Ziele

Durch die Betätigungen innerhalb des Aktivitätsfeldes sammeln die Schüler Erfahrungen und Wissen in den Bereichen:

- Sensibilisierung und Schulung der Wahrnehmungsfähigkeit in den Bereichen Tasten, Sehen, Riechen und Hören
- Begriffsbildung sowie Wortschatzerweiterung/-festigung im Zusammenhang mit Wahrnehmungsübungen
- Vertrauensentwicklung zu einem Partner sowie Kooperationsbereitschaft und Kommunikationsfähigkeit
- Verbalisierung der Empfindungen von Tastwahrnehmungen an Händen und Füßen
- Freude und Erfahrung im Umgang mit Sand als Mittel für Sinnesempfindungen und unkonventionelle Gestaltungsmöglichkeiten
- Gerüche bewusst wahrnehmen und mit den eigenen Geruchserfahrungen in Verbindung bringen
- Steigerung der akustischen Differenzierungs- und Merkfähigkeit
- Auseinandersetzung mit unterschiedlichen Instrumenten im Hinblick auf Klang, Bezeichnung und zusätzliche Informationen
- Entwicklung und Erweiterung sozial-emotionaler Kompetenzen (Kommunikations- und Kooperationsfähigkeit fördern, Empathie und prosoziales Verhalten aktivieren, Hilfeleistungen geben und nehmen)

Material

	vorhanden (Kopiervorlagen)	bereitzustellen
Fußpfad	Angebotskarte Wegweiser „Naturpfad – Kunstpfad“ Blatt „Naturpfad – Kunstpfad“ Wegweiser „Wegstücke“	Aufbau des „Naturpfad – Kunstpfad“ (→ Tipps) in Kisten: mit Naturpfad-Materialien (wie Sand, Heu, Moos, Erde, Kieselsteine, Steine, Heckenstücke, Kork, Rinden, Holzwolle, Tannenzapfen, Kastanien, Holzzweige, Blätter oder Laub, ...) und/oder mit Kunstpfad-Materialien (wie Teppichfliese, Stoffe, Filz, Automatte, Watte, Wellpappe; Plastiktüten, Schaumstoff gerippt und glatt, Fliesen, Schleifpapier, Bodenbelag, Papier zerschnipselt oder zerknüllt, Kronenkorken, Kunststofffolie, ...); Tasche, gefüllt mit einzelnen Materialteilen des aufgebauten Weges („Wegstücke“), wie z. B. Kork, Tannenzapfen, Filzstück, Wattebausch, ...; Augenbinden, Stifte, Papier; evtl. Wortkärtchen (mit den Begriffen der einzelnen Wegmaterialien, die den Materialkisten zugeordnet werden können)
Sandspuren	Angebotskarte 2 Bildkarten (Fußabdruck, Strandbild)	feiner Sand (vom Strand oder Baumarkt) auf Tablett, Backblech und/oder Teller als flache Unterlage; Beutel mit Gegenständen, die auf Sand zu finden sind (Steine, Muscheln, Schnecken, Seesterne, getrocknete Früchte von Bäumen, Sträuchern und Pflanzen; evtl. Treibgut wie Holzstück, ...)
Spürnase	Angebotskarte	Duftstoffe (max. 8) wie Seifenstück, Zitrone, Pfefferminze (auch in Form von ätherischen Ölen), Pfeffer, Kaffeebohnen, Sirup, Essig u. Ä. (Flüssigkeiten auf Wattebäusche als Duftträger träufeln!) in schwarze

		Filmdöschen (Deckel durchlöchern; Böden mit unterschiedlichen Symbolen, z. B. Farbpunkten zur Selbstkontrolle, versehen) oder in leere Joghurtbecher (Alufoliendeckel durchlöchern; Selbstkontrolle wie bei Filmdöschen) geben; Tablett, auf dem die Riechbehälter stehen; Lösungskuvert mit Wortkärtchen der entsprechenden Duftstoffe (Kärtchenrückseiten mit gleichen Symbolen versehen, die sich auf den Behälterböden befinden = Selbstkontrolle)
Klangstraße	Angebotskarte	Kiste mit 3 – 6 verschiedenen Instrumenten (Orff-Instrumentarium, selbstgebastelte Instrumente), Augenbinde; evtl. Informationsmaterial zu den einzelnen Instrumenten (Bücher, Lexika, kopierte Texte, Wortkärtchen mit Instrumentenbezeichnungen)

Tipps

- Augenbinden niemals aufzwingen
  Durch das Ausschalten der Hauptsinnestätigkeit, des Sehens, kann es zu tieferen Wahrnehmungsempfindungen in anderen Perzeptionsbereichen kommen. Aus diesem Grund empfiehlt es sich, bei den taktilen, olfaktorischen und akustischen Sinnesübungen, die Augen zu schließen. Regen Sie die Schüler an, ihre Augen zu verbinden (am besten mit einem Stirnband, da dieses vom Kind selbstständig angelegt werden kann und seltener verrutscht als ein Tuch), aber zwingen Sie niemanden dazu. Ein aufgezwungenes Tragen von Augenbinden kann zu Angstzuständen und Konzentrationsblockaden führen, also zum Gegenteil von dem, was eigentlich dadurch erreicht werden soll!
- Fußpfad aufbauen
  Der Aufbau des Fußpfades ist mit bestimmten räumlich-örtlichen und materiellen Möglichkeiten verbunden:
  Es wird viel Platz auf dem Boden benötigt. Geeignete Standorte sind daher der Schulhof, der Gang vor der Klasse, die Aula, der Turnsaal u. Ä.
  Anregung für Wandertage und Exkursionen in die Natur: Lassen Sie die Kinder selbst im Wald oder auf der Wiese einen Fußpfad aus vorhandenen Naturmaterialien anlegen. Größere Steine eignen sich dabei als Begrenzungslinien.
  Anregung für die Pausengestaltung: Als Beitrag für eine aktive Pausengestaltung können die

Schüler Ihrer Klasse einen Fußpfad aus Natur- und/oder Kunstmaterialien im Schulhof oder in der Pausenhalle installieren und den Schülern anderer Klassen zur Verfügung stellen. Dabei übernehmen Ihre Schüler die Verantwortung für die Planung, den Aufbau sowie den sachgerechten Gebrauch.

Die Materialien des Fußpfades wie Steine, Moos, ... werden je nach Region (Stadt- oder Landschule), Jahreszeit und verfügbaren bzw. erhältlichen Stoffen variiert.

Die im Raster „Fußpfad" angeführten Materialien besitzen daher ausschließlich Beispiels- bzw. Anregungscharakter und können beliebig ausgetauscht sowie erweitert werden.

Es bietet sich an, die verfügbaren Materialarten in je einer Kiste (niedrige Obst- und Gemüsekisten aus Karton gratis in Supermärkten erhältlich) zu sammeln und in Wegform zum Fußpfad aneinander zu reihen.

Durch den Wegweiser „Naturpfad-Kunstpfad" werden verschiedene Gestaltungsmöglichkeiten offen gehalten:

1. Pfad aus reinen Naturmaterialien wie Steine, Rinden, Moos, ...
2. Pfad aus reinen Kunststoffen wie Teppichfliese, Schaumstoffchips, Watte, ...
3. Pfad aus Natur- und Kunstmaterialien gemischt

Je nach Gestaltungsart kann der Wegweiser „Naturpfad – Kunstpfad" in beispielsweise „Naturpfad" (Schriftzug Kunstpfad einfach überkleben) bei ausschließlicher Verwendung von Naturmaterialien umgewandelt werden.

Da die zwei Wegweiser (und evtl. auch die Wortkärtchen) durch viele Kinderhände gehen, empfiehlt es sich, diese zu laminieren.

Sollen die Wegweiser richtig aufgestellt werden, dann schneiden Sie die Kopiervorlage aus, kleben Sie die Wegweiser auf Karton und befestigen Sie diese jeweils auf einem Blumenstäbchen. In eine mit Sand gefüllte Trinkflasche gesteckt, wird der Wegweiser zum auffälligen Schild.

– Standort „Klangstraße" günstig auswählen

  Zum einen verursacht das ungelenkte Ausprobieren der Klanginstrumente einen für andere zumeist störenden Geräuschpegel, zum anderen bedarf das Auslegen der Klangstraße etwas Platz (Vorschlag: Musikzimmer, Nebenraum oder Schulhof).

Was fühlen deine Füße?

Gehe barfuß!
Was spürst du, wenn du barfuß und blind über verschiedene Bodenflächen gehst?
Der Wegweiser „Naturpfad – Kunstpfad“ zeigt dir den Weg!

Ertaste die Wegstücke!
Fühlen deine Füße dasselbe wie deine Hände?
Folge dem Wegweiser „Wegstücke“!

Kisten beschriften

Du bist über verschiedene Materialien gegangen – weißt du eigentlich, was das alles war und wie die Materialien heißen?

Beschrifte die Kisten gemeinsam mit deinem Partner. Sucht nach den richtigen Bezeichnungen oder Namen für die einzelnen Materialien, schreibt sie jeweils auf einen kleinen Zettel und ordnet sie den Kisten zu.
Liegen bereits Wortkärtchen mit Materialnamen vor, dann könnt ihr diese dazu verwenden!

Naturpfad – Kunstpfad

1. Suche dir einen Partner.
2. Zieht eure Schuhe und Strümpfe aus.
3. Einer von euch beiden schließt nun die Augen. Du kannst dazu auch eine Augenbinde verwenden!
4. Führt euch nun abwechselnd langsam und vorsichtig über den Fußpfad. Achtet dabei auf die Empfindungen eurer Fußsohlen!
5. Seid ihr den Fußpfad gegangen, dann tauscht eure Erfahrungen aus:

– Wie ist es euch dabei ergangen?
– War es angenehm oder unbequem?
– Welches Material fühlte sich gut an, welches war unangenehm?

Ihr könnt eure Erlebnisse auf dem Blatt „Naturpfad – Kunstpfad“ festhalten!

Mein Name: ____________________

Naturpfad – Kunstpfad

Beschreibe wie sich die Materialien anfühlen!

____

____

____

____

____

____

____

Wegstücke

1. Suche dir einen Partner.
2. Stelle dich ohne Schuhe und Strümpfe an den Anfang des Fußpfades.
3. Schließe nun die Augen. Du kannst auch eine Augenbinde verwenden.
4. Dein Partner nimmt in der Zwischenzeit die Tasche, wählt ein beliebiges Materialstück aus und gibt es dir in die Hand.
5. Befühle dieses Stück ganz genau! Dann suche mit deinen Füßen das dazugehörige Wegstück am Boden!
6. Hast du es gefunden? Öffne die Augen und vergleiche!
7. Jetzt ist dein Partner an der Reihe.

Spüre Sand mit den Händen

Schütte feinen Sand auf die flache Unterlage (Tablett, Backblech oder Teller):
Mache die Augen zu und lasse den Sand langsam durch deine Finger rieseln: Ist er weich? Kitzelt er vielleicht?
Streiche den Sand mit deinen Handflächen vorsichtig glatt. Spüre, wie es sich anfühlt!

Erkunde einen geheimnisvollen Beutel

Du findest einen Beutel, in dem sich geheimnisvolle Gegenständen befinden:
Mache die Augen zu, greife in den Beutel und ertaste die verschiedenen Fundstücke blind!
Was ist das alles?
Wo kann man diese Dinge am besten finden?

Gestalte ein Sandbild

Hier findest du zwei Anregungen dazu:

1. Auf glattem Sand lassen sich gut verschiedene Gegenstände abdrücken:
   Experimentiere und probiere einfach Verschiedenes aus!
   Ist ein Abdruck besonders gelungen, dann lasse jemanden den Gegenstand erraten.
   (Wenn du ein Beispiel sehen möchtest → Bildkarte 1)

2. Auf der Sandunterlage kannst du aber auch ein schönes Bild gestalten:
   Der Bildhintergrund ist der Sand.
   Zum Gestalten kannst du selbst Dinge zusammensuchen oder die Gegenstände aus dem geheimnisvollen Beutel verwenden.
   (Wenn du dir darunter nichts vorstellen kannst → Bildkarte 2)

Auf Sand schreiben

Schreibe einen Buchstaben oder ein Wort in den Sand!
Kann man es lesen?

Was riecht denn da?

Auf einem Tablett stehen Behälter, in denen sich verschiedene Stoffe befinden. Du kannst damit ein Riechrätsel für Spürnasen machen:

Rieche an den durchlöcherten Deckeln, aber berühre die Behälter dabei nicht!
Schließe die Augen – riechst du jetzt besser?
Was könnte das sein?

Notiere auf einem Blatt Papier, was du zu riechen glaubst!
„Schnüffelt“ ihr zu zweit, dann sprecht euch ab.

Des Rätsels Lösung findest du in einem Kuvert:
Ordne die Wortkärtchen zu!
Kontrolliere selbst: Das Symbol auf der Rückseite des Kärtchens muss das Gleiche sein wie auf der Unterseite des Behälters.

Immer der Nase nach

Als richtige „Spürnase“ findest du bestimmt noch andere interessante Dinge zum Beschnüffeln – sieh dich doch einfach einmal um!

Klangmemory

Baut eine Klangstraße auf und spielt einen Instrumentenweg nach!

Wähle einen Mitschüler als Partner aus.
In einer Kiste seht ihr verschiedene Instrumente:

- Probiert die Klänge der Instrumente aus. Achtet bitte darauf, dass ihr dabei niemand anderen stört!

- Legt mit den Instrumenten eine „Straße“:
  Hier am Boden die Trommel, auf dem Fensterbrett die Triangel, zwei Schritte weiter das...

Ihr könnt jetzt ein Klangmemory spielen:
Der eine von euch verbindet sich mit der Augenbinde aus der Kiste die Augen.
Der andere schlägt nun einige der ausgelegten Instrumente je ein Mal an. Der „Blinde“ hört ganz konzentriert zu und merkt sich, in welcher Reihenfolge die Instrumente gespielt werden.
Der „Blinde“ darf jetzt die Augenbinde abnehmen und soll den Weg der Instrumente, den er zuvor gehört hat, nochmals nachgehen und dabei die Instrumente erklingen lassen. War die Reihenfolge richtig?
Spielt nochmals mit vertauschten Rollen!

Spielvariationen

Denkt euch Spielvariationen aus:
Auf dem Instrumentenweg könnt ihr z. B. einen Klang zweimal klingen lassen!

Wie heißen die Instrumente?

Wollt ihr mehr über die einzelnen Instrumente erfahren?
Liegen Bücher, Texte, Wortkärtchen, ...aus, dann informiert euch selbstständig!

Ideen-Basar

Das Thema „Spuren und Wege" bietet, neben den hier fertig ausgearbeiteten Angeboten, noch unzählige Bereiche und Möglichkeiten zum Werkstatt-Lernen.
Denken Sie zum Beispiel an Ihre Brainstorming-Ideen (Vorwort, S. 7f.)!
Im Anschluss finden Sie 15 weitere Vorschläge zur Bearbeitung des Themenfeldes stichwortartig dargestellt. Allein oder im Team können Sie diese Anregungen zu konkreten Werkstatt-Angeboten ausarbeiten – zur Herstellung der Angebotskarten können die Symbole im Anhang verwendet werden (→ S. 125).

Bewegungslandschaft überwinden

Hindernisbahnen mit unterschiedlichen Bewegungs- und Spielschwerpunkten überqueren

Gerätearrangements überwinden; kreative Lösungen finden; individuelle Handlungsvorstellungen verwirklichen; Grundfertigkeiten und Sozialverhalten schulen; Freude am Bewegen haben; ...

Anregungen und Gestaltungshilfen:
Aufbau einer Bewegungslandschaft (in der Sporthalle):
Gerätearrangements unterschiedlicher Zielsetzung aufbauen und mit Namen belegen, die an Landschaften oder Landschaftselemente erinnern;
z. B. Bewegungslandschaft „Weg durch den Dschungel"

1. Hindernis „Affenschaukel": auf zwei Langsbänken (eine umgedreht, die andere im rechten Winkel darüber gelegt) schaukeln
2. Hindernis „Geheimtunnel": Kriechtunnel (im Handel erhältlich) durchkriechen
3. Hindernis „Hängebrücke": Reck in Kopfhöhe hangelnd überwinden
4. Hindernis „Kokosnusswerfen": Zielwerfen (Korb, Kastenteil) mit Bällen
5. Hindernis „Flussüberquerung": Stangen oder Seile als Lianen helfen, einen Fluss (Matten darunter gelegt) zu überqueren

usw.

Der Vorbereitungsaufwand ist hoch, deshalb pro Unterrichtsstunde höchstens vier, im Rahmen eines Tagesprojekts höchstens sechs Hindernisse aufbauen!
Die Hindernisbahnen können auch aus Kleingeräten zusammengestellt werden, z. B. „Baumstumpfspringen" von Reifen zu Reifen oder „Balancieren" auf gewendeter Langbank oder Seilen. Hinweis: Alle Aufgaben müssen so gestaltet sein, dass zur Überwindung weder Sicherung noch Hilfe notwendig sind!

Literaturempfehlungen:
Kretschmer, J.: Bewegungslandschaften im Sportunterricht der Grundschule. In: Sportpädagogik 1/97, S. 34 ff., Friedrich-Verlag: Seelze.
Kretschmer, J.: Sport und Bewegungsunterricht. Urban & Schwarzenberg-Verlag: München 1981.
Kretschmer, J.: Draußen sein – sich bewegen mit allen Sinnen. In: Die Grundschulzeitschrift 4/1990, S. 36, 30–32, 58, Friedrich-Verlag: Seelze.

Geheimnisvolles erspüren

Gegenstände durch blindes Ertasten mit den Händen wiedererkennen und benennen

Taktile Wahrnehmungserfahrungen durch ein- oder beidhändiges Betasten von unsichtbaren Dingen mit eindeutigen Form- und Strukturmerkmalen; Gegenstände identifizieren und begrifflich benennen; …

Herstellungshinweise und Anregungen:
1. „Fühlkiste" (Schachtel mit zwei seitlichen Eingriffslöchern im Durchmesser von ungefähr 10 cm, deren Einsicht mittels Stoffteile verhindert werden soll)
2. „Fühlbeutel" (Stoffbeutel bzw. Sportbeutel mit zusammenziehbarer Öffnung) mit vier bis acht Gegenständen zum Thema „Spuren aus…" füllen;
   „Spuren aus dem Wald" sind beispielsweise Tannenzapfen, Steine, Zweige, Eicheln usw., „Spuren aus der Küche" etwa Löffel und Gabel, Topfdeckel, Gewürzbehälter, Kochlöffel, Schnapsglas, Flaschenöffner usw.

Irrgarten anlegen

Wege eines Irrgartens auf dem Fußboden legen und gehen

Gestaltungsmaterialien suchen; Irrwege konstruieren, anlegen, ausprobieren und modifizieren; …

Anregungen und Gestaltungshinweise:
Als Materialien für den Aufbau eines begehbaren Labyrinths auf dem Fußboden eignen sich zur Gestaltung der Begrenzungslinien Steine, Tannenzapfen, Ästchen und Zweige, Kronenkorken, Schuhkartons, Tücher, Seile u. Ä.
Geeignete Flächen sind beispielsweise: Aula, Schulhof und Wiese.

Kunstwerke inspirieren

Kunstwerke zum Thema „Spuren und Wege" zum Betrachten und Gestalten sowie für Aktionen anbieten

Bilder zum gleichen Thema zeichnen, malen oder drucken; Erfahrungen im Kunstbetrachten sammeln; Installationen in freier Natur gestalten; Lebensläufe und Werke von Künstlern kennen lernen; …

Literaturempfehlungen:
Wie F. Hundertwasser malen: Werk „Der große Weg" (1955) (als Anregung)
Wie M. C. Escher zeichnen: Werk „Relativität" (1953) (als Erfahrungsanreiz suggestiver Wirkungen durch Mischung der Beobachtungsebenen innerhalb einer Raumperspektive)
Wie A. Goldsworthy gestalten: Werke aus Naturmaterialien als Anregung für eigene Installationen in der Natur
Bildbände dazu → unter Aktivitätsfeld Schmökern/Tipps (S. 64)
Themenheft: Ästhetische Erfahrung in der Landschaft (mit Materialteil). In: Kunst+Unterricht 215/1997, Friedrich-Verlag: Seelze.

Papier-Wege konstruieren

Straßen und Verkehrswege, Renn- und Slalomstrecken oder Hochschaubahnen und Labyrinthe herstellen

Ideen sammeln; Wege und Strecken gedanklich entwickeln und plastisch umgestalten; Freude am Spiel; ...

Gestaltungshinweise und Anregungen:
Materialien zur plastischen Gestaltung (Pappe, Tonpapier, Papier evtl. mit Rechenkästchen, Karton oder Schuhkarton als Untergrund, Schere, Lineal, Klebstoff, Stifte)
und zum Spielen mit dem damit hergestellten räumlichen Modell (Murmeln, kleine Autos, Verkehrsschilder, Männchen, Bäume, Gegenstände aller Art)

Literaturempfehlung:
Bruch-Sinnwell, R.: Labyrinth und Slalomstrecke. Magnetspiele selber bauen. In: Die Grundschulzeitschrift 54/1992, S. 12 ff., Friedrich-Verlag: Seelze.

Pflanzenlabyrinth bauen

Bohnenpflanzenwachstum durch ein Labyrinth beobachten

Bohne in Erde eines kleinen Blumentopfes pflanzen; Blumentopf in selbst gebautes Schuhkartonlabyrinth stellen; Wachstum beobachten und beschreiben = Pflanze sucht den Weg zum Licht!; Beobachtungsprotokoll führen; ...

Anleitungen und Informationen:
Nähere Beschreibung des Experiments in:
Ardley, N.: Mein erstes Buch vom Wachsen. Tessloff-Verlag: Nürnberg 1991.

Reise ins Steinzeitalter machen

Leben im Alltag eines Steinzeitmenschen nachempfinden

Steinzeithütte bauen; Feuer mit dem Feuerbohrer machen; Lederbeutel herstellen; Informationen zur Geschichte einholen; ...

Anleitungen und Anregungen:
Probst, W. (Hrsg.): Alltag im Steinzeitalter. In: Gärten zum Leben und Lernen 7/98, Kallmeyersche Verlagsbuchhandlung, S. 29 ff.

Literaturempfehlungen:
→ Aktivitätsfeld Schmökern/Tipps „Spuren unserer Vergangenheit" (S. 64)

Spiele spielen

Gemeinsames Spielen zum Themenkreis „Spuren und Wege“

Gesellschafts- und Bewegungsspiele kennen lernen; in Kleingruppen und mit der ganzen Klasse Freude und Spaß am Spielen haben; Erfahrungen machen mit Spielregeln und Gruppenprozessen, dem eigenen Körper; …

Beispiele und Anleitungen:
Gesellschaftsspiele (für Kleingruppen):
Deutschlandreise (ab 8 J.) und
Europareise (ab 10 J.), Ravensburger Spieleverlag (Lerne auf einer Reise verschiedene Städte und Länder kennen!)
Der Natur auf der Spur (ab 8 J.), Ravensburger Spieleverlag (Erfahre viel Neues über Tiere und Pflanzen bei einem Streifzug durch die Natur!)
Der zerstreute Pharao (ab 8 J.), Ravensburger Spieleverlag (Finde den Schatz unter Pyramiden, indem du dir bestimmte Wege merkst!)
Labyrinth-Spiele → unter Aktivitätsfeld Bauen/Tipps (S. 25)
Detektiv-Spiele → unter Aktivitätsfeld Suchen/Tipps (S. 88)

Bewegungsspiele (für Kleingruppen sowie die ganze Klasse):
– Spurensuche (= abgewandelte „Reise nach Jerusalem“):
Spuren werden im Raum ausgelegt, z. B. Spuren aus dem Wald können Stein, Zweig, Tannenzapfen usw. sein, Spuren aus der eigenen Kindheit sind beispielsweise Stofftier, Bilderbuch, Babysocken usw. Die Spieler stellen sich zu jeweils einem Material. Während Musik zu hören ist, gehen die Spieler verschiedene Wege durch den Raum. Endet die Musik, so müssen sie schnell eine Spur, d. h. ein ausgelegtes Material, suchen, die noch von keinem anderen Spieler belegt ist. Da der Spielleiter nach jedem Durchgang ein Materialteil entfernt, scheidet jeweils ein Spieler aus.
Nach dem Spiel oder vor Spielbeginn: Gespräch über die mitgebrachten „Spuren aus…“, über Bezeichnung, Fundort, Alter, Bedeutung, usw.
Literaturtipp für Lehrer:
Schüler, H.: Gesuchtes und Gefundenes – dazu Gedachtes und Dazugedachtes. Fundstücke als Denkanlässe für Kinder (S. 36 ff.), Vom neugierig sein und neugierig bleiben (S. 6 ff.). In: Die Grundschulzeitschrift 112/1998, Friedrich-Verlag: Seelze.
– Der Weg nach …:
Während der Spielleiter eine Fantasiegeschichte erzählt, gehen die Spieler frei im Raum umher und bewegen sich je nach Textinhalt. Ein Beispiel:
„Wir gehen einen Waldweg entlang und es riecht nach Nadelbäumen und feuchter Erde. Wir steigen ganz locker und leicht über Wurzeln und balancieren auf quer liegenden Baumstämmen… (= Entspannungsphase). Da taucht plötzlich ein brauner Bär auf. Wir laufen vor ihm davon. Wir machen uns klein und strecken uns wieder, um zu sehen, wo er ist. Wir ballen die Fäuste und… (= Anspannunsphase). Wir blicken uns um, schauen leise und vorsichtig in alle Himmelsrichtungen und bemerken, dass der Bär nicht mehr zu sehen ist. Wir sind froh und glücklich und gehen schlaff und müde weiter. Wir lassen alles hängen und atmen tief durch… (= Entspannungsphase).“

Sprache lustvoll erleben

Sprachspiele, Gedichte, Lebensweisheiten, Geschichten und Texte usw. zum Thema „Spuren und Wege“ spielen, entdecken, erfinden, verändern

Lebensweisheiten, Redewendungen, Wortfamilien usw. suchen; Wortbedeutungen klären; Wörter neu bilden; Texte lesen und/oder selbst gestalten; …

Beispiele und Anregungen:
Lebensweisheiten/Sprichwörter: „Wo ein Wille, da ist auch ein Weg“, „Viele Wege führen nach Rom“, …
Redewendungen: „eine heiße Spur haben“, „seinen Weg gehen“, …
Wortfamilien: Spuren – spurlos, spuren, Spurensicherung, …; Wege – unwegsam, bewegen, Schulweg, …
Wortfelder: Spuren – Rillen, Fußabdrücke…; Wege – Straßen, Pfade, Strecken, …
Wortbetrachtungen: Wörter suchen, in denen Wortteile von Spur-Spuren oder Weg-Wege versteckt sind, z. B. wegen
Buchstabenmix: Buchstaben der Wörter „Spuren und Wege“ zu neuen Wörtern kombinieren, z. B. gern, Gespuer
Reimwörter: Spuren/Spur – Muren, Kuren…; Wege/Weg – Stege, rege, …
Dichten: Gedichte mit Reimwörtern zum Thema „Spuren und Wege“ dichten

Geschichte mit vorgegebenen Satzanfängen erfinden:

Sonja spielte gestern im Park.
Plötzlich…
U
R
E
N

U
N
D

W
E
G
E

Konkrete Poesie/Schriftcollage zu „Spuren“ und/oder „Wege“:

```
                              G E W
W E G                       E       E
        E               W          G E W
        W E G E W E G E W E G E          E
                        G                  G
```

Stadtspaziergang

Heimatstadt in einem Orientierungsspiel mit Informationsmöglichkeiten kennen lernen

Stadtrundgang nach Anleitung machen; Wissenswertes über Sehenswürdigkeiten, Plätze und Personen erfahren; Orientierung in Städten, Landschaften oder Ländern erhalten; Spiel selbst anfertigen; ...

Herstellungshilfen und Anregungen:
Spielherstellung: Plan der gewünschten Stadt (evtl. Teile daraus, vergrößert) genauer betrachten und vier bis acht Sehenswürdigkeiten aussuchen, die im Laufe des Erkundungsganges näher kennen gelernt werden sollen (z. B. Rathaus, Dom usw.) – Informationen zu den einzelnen Sehenswürdigkeiten einholen und so aufbereiten, dass die Schüler das Wichtigste und Interessanteste selbstständig erlesen können (z. B. Info-Heftchen mit kurzem Text und Bildern) – auf dem Plan einen zentralen Punkt als Startposition (z. B. Bahnhof) kennzeichnen und eine Spielfigur darauf stellen – der von der Spielfigur zu gehende Weg durch die Stadt, an den ausgewählten Sehenswürdigkeiten vorbei, wird in einer Spielanleitung beschrieben (z. B. „Du stehst nun mit dem Rücken zum Bahnhof. Gehe die Straße entlang, die vor dir liegt, und biege die 2. Straße nach rechts ab. Hier siehst du vor dir ein bedeutendes altes Gebäude. Es ist das Rathaus. → Lies dazu das Info-Heftchen! Kommst du aus dem Rathaus heraus und gehst die Straße links entlang, dann...") – wird der Spielplan mit Folie überzogen, dann kann der Weg als Orientierungshilfe mit einem wasserlöslichen Stift nachgefahren werden – das Spiel eignet sich zur Einzel-, Partner- und Kleingruppenarbeit.
Tipp: Auch Schüler können ein derartiges Spiel erfinden, also Wegstrecken beschreiben und Informationstexte zu ausgewählten Sehenswürdigkeiten zusammenstellen!
Wanderungen durch Landschaften (Wanderkarten) und Reisen durch Länder (Karten, Atlanten) sind in gleicher Weise konzipierbar.

Tieren auf der Spur sein

Fußabdrücke von Tieren sichern und deren Herkunft bestimmen

Spurenfallen bauen; Techniken der Spurensicherung kennen lernen und anwenden; Tiere anhand ihrer Spuren identifizieren; ...

Anleitungen und Anregungen:
Probst, W. (Hrsg.): Spurensicherung im Garten. In: Gärten zum Leben und Lernen 2/97, S. 27 ff., Kallmeyersche Verlagsbuchhandlung: Seelze.
Literaturempfehlungen:
→ Aktivitätsfeld Forschen/Tipps (S. 43ff.)

T-Shirt entwerfen

T-Shirt mit Zeichen der Hieroglyphenschrift gestalten

Hieroglyphenschrift kennen lernen und gebrauchen; T-Shirt durch Bedrucken oder Bemalen gestalten; Informationen zur Schrift und zum Alten Ägypten einholen; ...

Anregungen und Gestaltungshinweise:
Schriftvorlage und Literatur zum Themenfeld „Hieroglyphen-Ägypten"
→ Aktivitätsfeld Forschen/Materialien (S. 43) und Tipps (S. 44)
T-Shirt, am besten weiß, entweder mit Hieroglyphen bedrucken (= Schablonendruck) oder nach Vorlage mit Stofffarben bemalen oder den eigenen Namen von oben nach unten auf den Stoff „schreiben".

Wege nähen

Wege aus gestickten Linien beschreiben

Schritte bzw. Handlungsabläufe – wie etwa den Schulweg – durch Sticken mit Nadel und Faden darstellen; experimentelles Umsetzen eigener Fantasie- und Gestaltungsfähigkeiten; ...

Anleitungen und Gestaltungshilfen:
Herzog, M. (Hrsg.): Wege gehen. Experimentelles Gestalten mit Stichen. In: Lernhilfen für den Textilunterricht 1/97, Kallmeyersche-Verlagsbuchhandlung: Seelze, Faltblatt 2, 154.

Wege zur Mitte finden

Ich-Findungsprozesse durch Entspannung und Besinnung unterstützen

Stille und Besinnung erfahren; Körperbewusstsein und -empfindungen steigern; Ich- und Gemeinschaftsgefühl entwickeln; Ruhe und Kraft schöpfen; ...

Methoden und Anregungen:
- Bild- und Musikmeditation: Bildbetrachtung und aktives Musikerleben mit und ohne Denk- und Einfühlhilfen
- Musik- und Mandalamalen: Freies Malen zur Musik und Ausmalen vorgegebener oder selbst gezeichneter Mandalas (= altindisch „Kreis")
- Bewegen und Tanzen: Einfache, bewusste Bewegungen mit/ohne Musik (auch Stilleübungen) und Gegenständen sowie Tänze alleine oder mit anderen ausführen
- Fantasiereisen: Reise in die Vorstellungswelt mit/ohne Musik und sprachlicher Anleitung unternehmen
- Ich über mich: Dokumentation über sich selbst als Individuum und Persönlichkeit verfassen (Erlebnisaufsatz, Tagebuch, Beschreibung der eigenen Person, ...); Lebenslauf gestalten;
  → Aktivitätsfeld Forschen/Angebotskarte Lebensspuren (S. 59) und Tipps (S. 45)

Literaturempfehlungen:
Bräunling, E.: Komm mit ins Land der Phantasie. Phantasiegeschichten für Kinder. Musikbär-Verlag: Schriesheim 1994.

Friebel, V.: Geschichten, die Kinder entspannen. Spielerisch Ausgeglichenheit und Konzentration fördern. Südwest-Verlag: München 1995.
Friebel, V.: Mandalareisen mit Kindern. Naturmeditationen, Wahrnehmungsübungen, Fantasiereisen und Malvorlagen. Ökotopia Verlag: Münster 1998.
Herdtweck, W.: Durch Bewegung zur Ruhe kommen. Modelle und Ideen aus der Rhythmik. Don-Bosco-Verlag: München 1996.
Hoppe, G.: Mit Kindern meditieren. Grundlagen und Anleitungen. Don-Bosco-Verlag: München 1995.
Köckenberger, H. u. a.: Sei doch endlich still. Entspannungsspiele und -geschichten für Kinder. Borgmann-Verlag: Dortmund 1996.
Maschwitz, G. u. a.: Stille-Übungen mit Kindern. Kösel-Verlag: München 1993.
Maschwitz, G.: Aus der Mittel malen – heilsame Mandalas. Anregungen für Kinder, Jugendliche und Erwachsene. Kösel-Verlag: München 1996.
Röbe, E.: Pädagogische Zauberformeln. Die Grundschulzeitschrift 120/98. Friedrich-Verlag: Seelze.
Tischler, B.: Musik aktiv erleben. Diesterweg-Verlag: Frankfurt/Main 1990.
Vopel, K. W.: Kinder ohne Streß. Im Wunderland der Phantasie (Band 2) und Reise mit dem Atem (Band 3). Iskopras-Verlag: Hamburg 1991.

Zeitungen durchsuchen

Berichte, Bilder, Cartoons, Rätsel usw., in denen „Spuren und Wege“ zu entdecken sind, heraussuchen

Printmedien nach Inhalten absuchen; gefundene Ausschnitte lesen, besprechen; ...

Hinweise und Anregungen:
Drucksorten enthalten viele offensichtliche und/oder versteckte Text- und Bildstellen, die einen Zusammenhang zum Thema „Spuren und Wege“ zulassen (beispielsweise Bild einer Luftaufnahme eines Heckenlabyrinths oder Artikel über eine Verbrechersuche, über die Spuren der Verwüstungen eines Orkans usw.) und die zum Lesen, Nacherzählen, Betrachten, Besprechen usw. anregen sowie sich zur Gestaltung einer eigenen Spuren-und-Wege-Zeitung eignen.

Am Ende steht...

...das Wort der Schüler und Lehrer, die bereits in der Spuren-und-Wege-Werkstatt gearbeitet haben.

Wie fanden Sie als Lehrer den Werkstatt-Tag zum Thema „Spuren und Wege"?
„...für die Schüler wie auch für mich stellte der Werkstatt-Tag eine tolle Ergänzung und Abwechslung zum normalen, meist lehrerzentrierten Unterricht dar. Hier hatten die Kinder die Gelegenheit, das zu tun, was sie am meisten interessierte und was sie einmal ohne Versagensängste und Leistungsdruck ausprobieren wollten. Es scheint meinen Schülern ein besonderes Bedürfnis zu sein, gemeinsam mit ihren Freunden etwas zu machen, etwas Konkretes herzustellen und neue, nicht schultypische Wissensbereiche zu erforschen. Die Arbeitsmethode bereitete ihnen kaum Probleme und wer Schwierigkeiten hatte, der wandte sich an mich oder an einen anderen Mitschüler. Für mich als Lehrerin war es auch eine neue Erfahrung, meine Schüler eine längere Zeit hindurch beobachten zu können. Ich konnte sehen, wer welches Angebot auswählte, wie lange sie selbstständig arbeiteten und mit wem, welche Gruppen sich bildeten und vieles mehr. Die Kinder hatten viel Spaß am Lernen und Arbeiten in der „Werkstatt", dass war ganz klar zu erkennen, aber sie waren auch darauf erpicht, viele Angebote wahrzunehmen und fertig zu stellen. Schließlich wollten sie ja ihr „Geschafftes" in der Abschlussrunde präsentieren..."

Was hat Ihnen besonders gut gefallen?
„...besonders gut hat mir gefallen, dass die Kinder so intensiv und ruhig gearbeitet haben. Sie zeigten ein für mich ungewöhnlich hohes Engagement. Vor allem zwei meiner ‚Sorgenkinder' überraschten mich durch ihr außergewöhnlich positives Arbeitsverhalten..."
„...die Werkstatt-Angebote zum Thema ‚Spuren und Wege' sind sehr interessant und abwechslungsreich, so war für jedes Kind etwas dabei. Die Angebote sind auch sehr gut strukturiert und übersichtlich, die Schüler hatten keine Schwierigkeiten, sich damit zurechtzufinden..."
„...die Zeit ist so rasch verflogen und meine Schüler hatten viel Freude und Spaß am ‚anderen Lernen', vor allem an den Aufgaben, bei denen sie ihrer Fantasie und Kreativität freien Lauf lassen konnten. Ich werde die Spuren-und-Wege-Materialien bestimmt noch öfter im Unterricht einsetzen..."

Was hat Sie am Werkstatt-Tag gestört?
„...hin und wieder war es so, dass einzelne Schüler durch die Lernangebote durchhetzten und sich nicht genügend Zeit nahmen, sich intensiver auf eine Sache einzulassen. Sie wollten alles, oder so viel wie möglich, schaffen, und dieser Drang, ja man konnte schon sagen Wettbewerb, führte manchmal zu sehr oberflächlichen Auseinandersetzungen mit den Materialien..."
„...Probleme gab es manchmal mit dem Aufräumen. Es hat einfach nicht so gut funktioniert, dass die Schüler ihrer Arbeitsplatz wieder sauber machten und die Materialien geordnet zurückließen. Wer macht das schon gerne, aber es gehört eben zur Werkstatt-Arbeit dazu, das müssen die Kinder lernen..."

Was hat dir als Schüler besonders gut an der Spuren-und-Wege-Werkstatt gefallen und warum?
„...alles, weil ich mir ja selber aussuchen konnte, was ich tun wollte..."
„...die große Auswahl an verschiedenen Aufgaben fand ich toll, da war für jeden was dabei..."
„...mir hat das Labyrinthbauen am besten gefallen, weil man eigene Wege erfinden konnte und einmal richtig was tun musste..."
„...beim Fußpfad konnte man einmal mit Füßen fühlen, nicht nur mit Händen..."

„...weil man malen und drucken durfte, was man wollte und der Fantasie freien Lauf lassen konnte..."
„...mir hat das Geschichtenschreiben am besten gefallen weil ich da gelernt habe, mit der Feder zu schreiben. Außerdem war es toll, dass sich jeder einen Geschichtenanfang selbst aussuchen konnte und ansonsten nichts vorgegeben war..."
„...ich habe die Kriminalakte gemacht und da mussten wir uns ja gegenseitig ausfragen. Ich meine, wir haben uns jetzt besser kennen gelernt..."
„...es war witzig, mit der Spuren-und-Wege-Werkstatt zu arbeiten, es macht einfach Spaß..."

Und was hat dich gestört?
„...mich hat genervt, dass ich manchmal so lange warten musste, bis ein Angebot, das alle machen wollten, frei war und ich endlich dran konnte..."
„...mich haben manchmal andere gestört, die beim Hämmern zum Beispiel waren zu laut oder wenn sie manchmal gestritten haben, wer jetzt da arbeiten darf..."
„...die Zeit war zu kurz, ich hätte noch gerne andere Sachen gemacht..."

Welche Angebote waren am beliebtesten, welche wurden nicht so oft in Anspruch genommen?
...die statistische Auswertung der mündlichen Befragung der Schüler zum Beliebtheitsgrad der einzelnen Angebote, die im Rahmen des Projekts „Werkstatt-Tage für Schulklassen" zum Einsatz kamen, ergab folgende Präferenznennungen:
Labyrinth (als beliebtestes Angebot) > Fußpfad > Drucken > Fingerabdrücke > Steckbrief/Geheimweg/Schriftsteller > Hieroglyphen/Archäologie > Tierspuren > Schmökerecke (in der vorliegenden Materialsammlung Leseratte) > Stadtspaziergang unternehmen (Ideen-Basar) > Abreiberätsel

...ein herzliches Dankeschön!

Dass ich Spuren hinterlassen und neue Wege beschreiten konnte, dafür möchte ich mich bedanken...
bei den vielen engagierten Schülern, Lehrern und Studenten, ohne die die „Werkstatt-Tage für Schulklassen" niemals hätten realisiert werden können, beim Lehrstuhl für Schulpädagogik an der Universität Augsburg wie auch beim Schulamt der Stadt, die mir die Leitung der Augsburger Lernwerkstatt übertragen haben, bei meiner Kollegin Carmen Jaud, die mir mit Anregungen und Tipps hilfreich zur Seite stand, sowie bei Thomas, meinen Eltern und Fides, die mir unermüdlich „den Rücken stärkten".

Fragebogen zur Spuren-und-Wege-Werkstatt

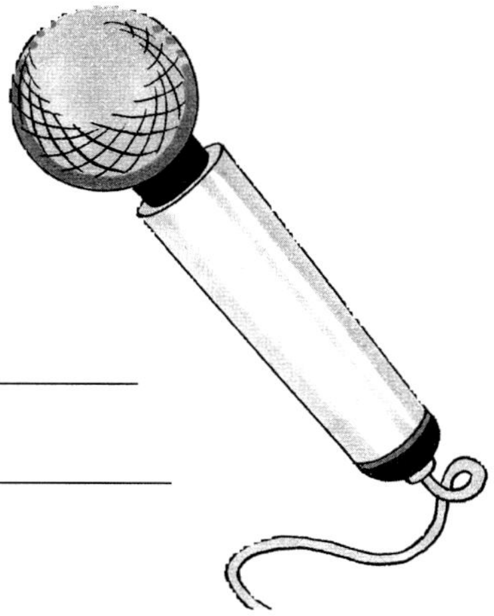

Mein Name: ______________________________

Klasse/Schule: ______________________________

Das habe ich gemacht:

____

____

____

Wichtig: Bitte begründe die folgenden Fragen!

Besonders gut gefallen hat mir dabei…, weil…

____

____

____

Nicht so toll fand ich…, weil…

____

____

____

Insgesamt gefiel mir das Werkstatt-Lernen, weil…

____

____

____

Platz für Beschwerden, Tipps, …

____

____

____

Symbole zur Materialkennzeichnung

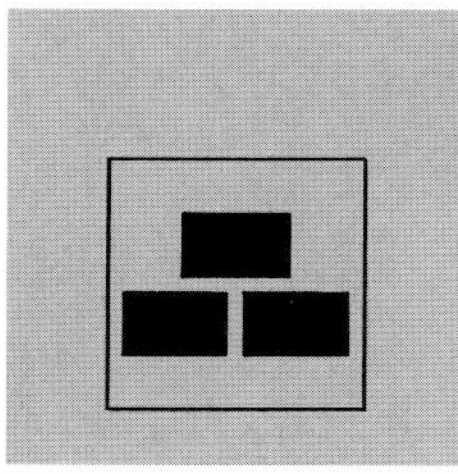

ANGEBOTSKARTE

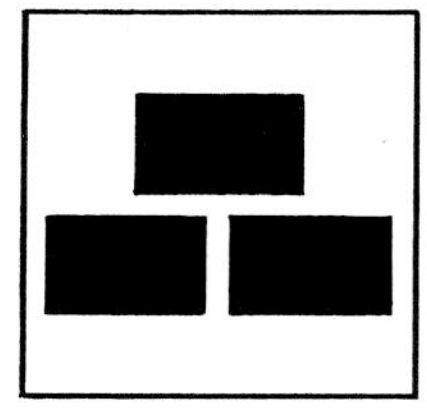

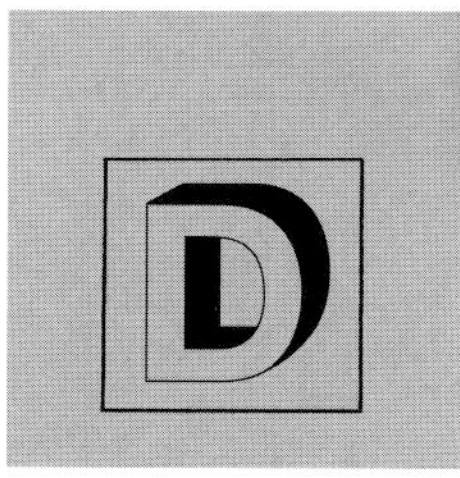

ANGEBOTSKARTE

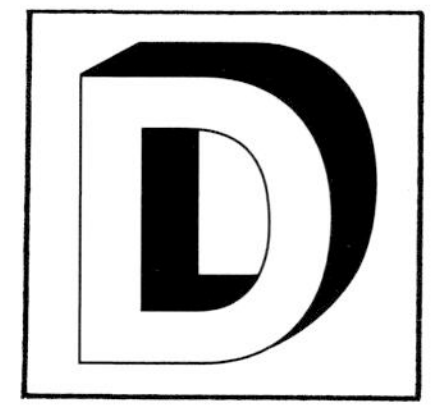

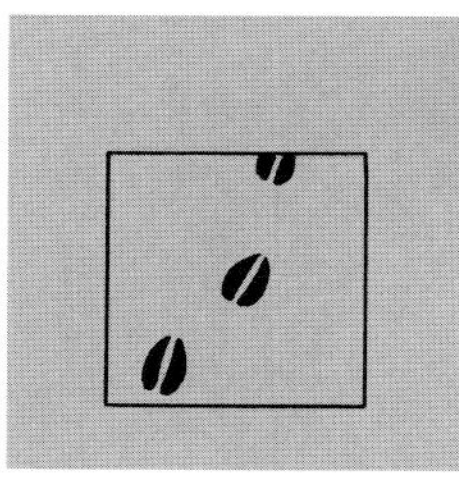

ANGEBOTSKARTE

ANGEBOTSKARTE

ANGEBOTSKARTE

ANGEBOTSKARTE

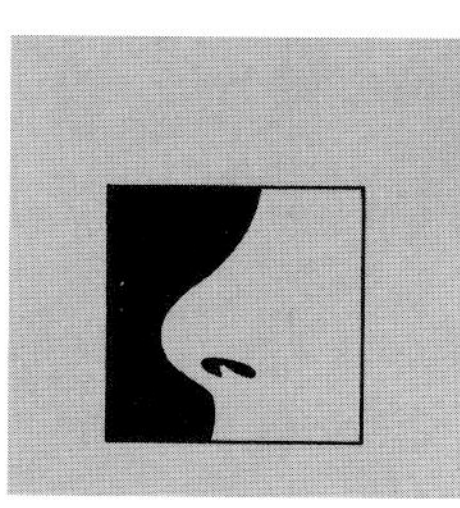

ANGEBOTSKARTE

Symbole zur Herstellung eigener Angebotskarten

Werkstatt-Ausweis

(Vorname)

(Familienname)

(Geburtsdatum)

(Klasse)

(Schul- oder Wohnadresse)

Das habe ich gemacht (Name/Symbol)	**Datum**	**Was mir gefallen hat** 	**Was mich gestört hat** 

Unterschrift